李世民传

王晓辉　郭春光◎编著

中国纺织出版社有限公司

内 容 提 要

李世民对大唐王朝有重要的影响，他开创的贞观之治，在世界范围内都影响深远。他少年时期就跟随父亲四处征战，最终和父亲一起打下江山。他目睹百姓的疾苦，虽然贵为君主，却时时处处为百姓着想，也能够虚心听取大臣的劝谏。正因如此，他才能名垂千古。

本书以历史资料为基础，客观翔实地讲述了李世民成长为一代明君的过程，展现了李世民波澜壮阔的一生。阅读本书，我们可以感受到李世民的雄才伟略，也可以学习李世民以史为镜、以人为镜的理念。这不但是一段传奇，也是一篇史诗。

图书在版编目（CIP）数据

李世民传 / 王晓辉，郭春光编著. --北京：中国纺织出版社有限公司，2022.6（2025.3重印）
ISBN 978-7-5180-9431-8

Ⅰ. ①李… Ⅱ. ①王… ②郭… Ⅲ. ①李世民（599-649）—传记 Ⅳ. ①K827=421

中国版本图书馆CIP数据核字（2022）第048227号

责任编辑：闫 星　　责任校对：高 涵　　责任印制：储志伟

中国纺织出版社有限公司出版发行
地址：北京市朝阳区百子湾东里A407号楼　邮政编码：100124
销售电话：010—67004422　传真：010—87155801
http://www.c-textilep.com
中国纺织出版社天猫旗舰店
官方微博 http://weibo.com/2119887771
德富泰（唐山）印务有限公司印刷　各地新华书店经销
2022年6月第1版　2025年3月第5次印刷
开本：880×1230　1/32　印张：6
字数：91千字　定价：49.80元

前　言

历史就像是一本厚重的书，不同的王朝或者是不同的页码，或者是不同的章节。偶尔翻开其中的一页，看到那些帝王才刚刚登上王位，就如同一颗星星一般陨落，我们未免会感到遗憾。然而，也有一些帝王在登上王位之后，如同璀璨的太阳，照耀着当世，也福泽后代。唐太宗李世民，就是这样一位影响深远的帝王。

李世民出生于隋朝末年。他小小年纪，就和父亲李渊一起征战沙场，历练出绝世的英雄气概，无所畏惧。在父亲李渊的调教下，他面对刀光剑影也毫不畏惧。他目睹隋炀帝置百姓疾苦于不顾，大兴土木迁都洛阳，劳民伤财开凿运河。又眼见各地的百姓们都掀起大旗起义，想要推翻隋朝的统治。渐渐地，他也生出了要辅助父亲李渊起兵的想法。

其实，李世民从一出生就含着金汤勺，从未过过苦日子。他的父亲是唐国公李渊，他的家族是名门望族。在优渥的家庭环境中，李世民出生即得到了很好的照顾，一天天长大。他从小就很聪明，怀有远大的志向。他对于习武有着很大的热情，酷爱骑马射箭，从小就立志要像父亲一样在沙场上横刀立马，通过征战建功立业。

大业末年，隋炀帝北巡雁门关，遭到突厥围困，无奈之下，只好把被围困的消息放在漂流瓶中顺水漂流。李世民得知消息后，奉命前去营救。事实证明，李世民不是个莽夫，而是个有勇有谋的将才。他没有和突厥蛮干，而是在了解了敌情之后，对突厥采取了攻心策略，让突厥知道围困天子会遭到灭顶之灾。此后，他们又遍插旌旗，紧擂战鼓。突厥误以为隋朝大军压境，胆战心惊之下，最终迫于压力主动撤军。李世民凭着此战一举成名。

18岁那年，李世民看到隋朝大势已去，岌岌可危，因而招兵买马，协助父亲李渊在晋阳发兵，对抗隋朝。从此之后，李世民踏上了铁血征途，开启了戎马生涯。在李世民的全力辅佐下，李渊于大业十三年（617年）攻克长安，建立大唐王朝。李渊深知，他之所以能够称帝，与李世民的征战密不可分。为此，李渊封李世民为尚书令、右武候大将军，还晋封李世民为秦王。

李唐王朝建立初期，天下各路豪杰都虎视眈眈，各方的割据势力也依然存在。看到刚刚建立的王朝岌岌可危，李渊寝食不安。为此，他派李世民率领大军四处征讨，平定天下。

在此期间，李世民一直过着戎马生活，不管面对怎样的敌人都无所畏惧，浴血奋战，最终为大唐王朝消除了心腹大患，建立了稳固的根基。为此，李渊封李世民为“天策上将”。

遗憾的是，有史以来，所有的帝王将相都只能共苦，不能同甘。李世民征战数年，终于为大唐王朝消除了障碍，却万万没想到，在他回到朝廷之后，还要面临手足之争。太子李建成嫉妒李世民战功赫赫，生怕李世民抢夺太子之位，因而对李世民心怀戒备。李世民原本就因为自己为大唐王朝建立战功却不能继承皇位而愤愤不平，又遭到李建成的咄咄紧逼，最终决定铤而走险，在各位心腹大将的配合之下，发动了“玄武门之变”。“玄武门之变”后，李世民背上了弑兄的恶名。李渊看到李世民势力强大，审时度势，提前退位，成为了没有实权的太上皇。登上皇位之后，李世民不再是那个野心勃勃的少年，而是成为了励精图治的君主。他不仅是军事家，也是政治家，还是治理国家的实干家。

登上皇位之后，李世民终于有了属于自己的舞台。他发挥自己的聪明才智，把国家治理得繁荣昌盛，让老百姓的生活越来越好。

当然，对于李世民的功过是非，后人一直有不同的评价。有人说李世民文治武功，心怀天下，正因为有了他，唐

朝才能发展得繁荣昌盛，屹立于世界之林。有人指责李世民是个不折不扣的阴谋家，以不光彩的手段夺取了太子的位置，又逼着父亲李渊退位，从而谋取政权。其实，这是因为每个人看待问题的角度不同，所以即便对于同一历史事件，每个人的看法和评价也是截然不同的。人是生动而又立体的，而不是平面且单一的。李世民虽然贵为君主，却仍是一个活生生、有血有肉的人，他会有私心，会有缺点和不足，也会有局限。所以在看待李世民的时候，我们要以全面的眼光去看待，也要以客观公允的态度去评价。

年仅16岁就一战成名的李世民，是父亲李渊最喜爱和赏识的儿子，然而却因身为次子无缘太子之位，他当然会感到心中不平。在一再忍让却被太子李建成威逼之后，他愤怒而起，杀死了自己的兄弟，也实属无奈。其实，李世民有这样的赫赫战功和那么多的拥护者，他想要登上皇位也是人之常情。如果不是因为李建成是长子，而是换成李世民是长子，那么李渊一定会毫不犹豫地立李世民为太子，这是毋庸置疑的。

大唐王朝虽然距离我们如今生活的年代很久远，但是只要翻开本书，我们就仿佛看到大唐王朝的一幕幕画卷在我们面前铺开。阅读本书，李世民作为政治家的野心跃然纸上，

李世民的雄才伟略也让我们赞叹，李世民横扫千军的勇气和气魄更是让我们无限钦佩。俗话说，读史可以明志。当我们一步步地走入历史深邃的时光隧道，当我们看到一个个伟大的历史人物在文字的描述中重新变得鲜活，我们的感动和震撼是无法言喻的。接下来，就让我们一起掀开历史的画卷，阅读宏伟的史诗吧！

编著者

2022年3月

目　录

第一章 少年英雄，劝父兴兵

乱世之中，勇解雁门之围

北周末年，杨坚凭着雄才伟略，在朝廷里一人之下，万人之上，担任大丞相。他南征北战，先后平定了河南、湖北、四川等地的割据势力，为朝廷解除了后顾之忧。但是，他并不甘心于为人臣，因而篡位建立隋朝，年号开皇。他就是历史上赫赫有名的隋文帝。

隋文帝杨坚勤政爱民，非常贤明。登基之后，他在全国范围内推行改革新政，致力于发展农业生产，国家因此发展得越来越繁荣昌盛，这就是历史上赫赫有名的“开皇盛世”。在杨坚的诸多功绩中，最为后人所赞赏的是，他修建了大运河。这给后世带来了极大的好处，福泽子孙后代。因为终于过上了好日子，所以每当提起隋文帝杨坚，百姓们都赞不绝口。然而，杨坚出身贵胄，对老百姓的疾苦并不真正了解，他所采取的革新措施全都流于表面，民生问题从未真正得以解决。正是因为如此，隋朝走向衰败和灭亡成为了必然。

作为开朝皇帝，隋文帝还有一个致命的缺点，那就是独断专行，从来不把大臣的谏言放在心上，更别说是从谏如流

了。随着年岁增长，杨坚越来越独断蛮横，性情暴躁，对老百姓大肆杀戮，封建统治集团内部矛盾丛生，百姓们对朝廷也怨声载道。后来，隋文帝杨坚驾崩，他的次子杨广登基，史称隋炀帝。隋炀帝比隋文帝有过之而无不及，对百姓更加残暴，施行暴政，对百姓加以重税，使得百姓苦不堪言。因此，他成为了历史上赫赫有名的暴君。在走投无路的情况下，越来越多的百姓揭竿起义，只想在第一时间推翻隋朝的残暴统治。这正应了历史上有名的那句话，官逼民反，民不得不反。在隋炀帝即位后，隋朝各地如同雨后春笋般涌现出众多农民起义的队伍，这使得隋朝的统治岌岌可危。然而，隋炀帝并没有意识到大厦将倾，而是继续对百姓征收苛捐杂税，暴敛钱财，丝毫不懂得百姓疾苦。他对于自己的残暴统治更是从未反省过，始终做着千秋大梦，误以为自己的王朝必然能够越来越兴盛呢！

王薄起义时，为了镇压王薄，隋炀帝命令民工们不分昼夜地运送粮草和武器到前线去，很多民工因为过于疲劳而活活被累死，结果更多的老百姓投靠王薄参加起义，王薄的起义队伍越来越壮大，由此正式拉开了农民起义的序幕。就在这样内乱的时刻，隋炀帝还征集队伍再次攻打高句丽。为了避免去战场上送死的厄运，很多中原的百姓砍掉自己的手

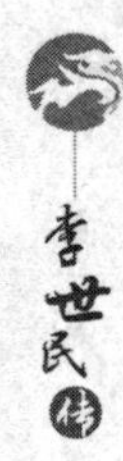

脚。可想而知，百姓们对隋炀帝的所作所为多么深恶痛绝，他们又多么畏惧残暴成性的隋炀帝。

当时，隋炀帝特别信任名士杨素，还任命杨素的儿子杨玄感担任礼部尚书。在再次进攻高句丽的战斗中，杨玄感被任命为黎阳都运，负责为军队供应士兵和各种后勤物资。杨玄感目睹战争给朝廷带来严重创伤，百姓深陷疾苦，知道隋朝朝不保夕，所以带领将士们在黎阳起义，成为叛军。他广纳天下贤士，深得人心，所以队伍很快发展壮大起来。在他的队伍中，还有很多当朝的贵族子弟，其中就包括蒲山公李宽的儿子李密。很快，杨玄感的队伍就有十几万人了。

杨玄感深知李密很有军事才干，也特别有眼光，因而对李密委以重任。就这样，李密成为了杨玄感的军师，为杨玄感出谋划策。即便如此，杨玄感的军队在洛阳城外与隋军对战时，被两面夹击，最终全军覆没。杨玄感的队伍中有很多贵族子弟，这引发了隋朝的统治阶层中的一次大地震。隋炀帝这才感受到危机，因而对朝廷里的很多权贵阶层进行清算，很多贵族因此被满门抄斩。

这个阶段，全国各地都有农民起义军，隋炀帝却刚愎自用，开始策划第三次征战高句丽。在大业十年（614年），隋炀帝第三次东征高句丽，这一次他御驾亲征，对高句丽势

在必得。这次征战很顺利，才开战不久，就以高句丽王主动求和宣告结束。隋炀帝这才鸣锣收兵，打道回府。自此，他集中精力镇压农民起义。此时，农民起义却已势不可挡。有三支队伍势力特别强大，分别是瓦岗军、河北义军和江淮义军。隋炀帝胆战心惊，深感自己皇位不稳。然而，让隋炀帝万万没想到的是，最终让他灭亡的，却并非这三支队伍中的任何一支，而是一个早就已经诞生的孩子。

开皇十九年（599年）一月二十三日，唐国公李渊喜得一子。李渊和夫人窦氏此前已经有了一个儿子，这个时候诞生的是他们的二儿子——李世民。别说隋炀帝当时不知道李世民会摧毁隋朝，就连李渊当时也不知道这个呱呱坠地的二儿子未来会把他推向皇位，而且会继承他的皇位，成为历史上的英雄。

在中华民族的历史上，李世民的雄才伟略足以与秦始皇相媲美，他的丰功伟绩更是与秦始皇不相上下。自古以来，人们都说乱世出英雄。然而，李世民出生在隋文帝杨坚在位的太平盛世中，并没有经历乱世。李世民的家族是贵族，所以几代人都高官厚禄，从来不为生活而感到忧愁，也没有因为朝廷的原因而遭受迫害。此外，李世民的母亲也出身富贵，家世显赫。正是在如此优渥、生来富贵的情况下，李世

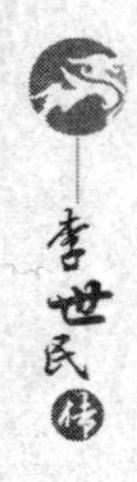

民从不知道柴米之贵，更不知道百姓之苦。他眼见着歌舞升平，顺心如意地长大。不过，李渊却对李世民寄予了厚望，这一点从他为李世民取的名字即可看出。

隋炀帝即位后，一改隋文帝勤俭廉政的作风，极尽奢华与铺张，好大喜功，从不关心百姓疾苦。渐渐地，民怨沸腾。隋炀帝特别器重李渊，常常对李渊委以重任。小小年纪的李世民跟随父亲走南闯北，深入百姓之中，看到百姓生活在水深火热里，感到非常震惊。在李世民十六岁时，他的母亲窦氏去世了。窦氏对李世民而言既是母亲也是师长，所以母亲的去世对李世民打击极大。自从母亲去世之后，李世民陷入迷惘之中，经常和伙伴们一起吃喝玩乐，四处狩猎。看到李世民不务正业，李渊因为忙于公务无暇管教李世民，感到很着急。这个时候，李渊为李世民与长孙晟的女儿定了娃娃亲。没过多久，长孙晟去世，长孙氏在舅舅高士廉家中长大，知书达礼，温柔贤良。

为了让儿子尽早收心，大业九年（613年），李渊为儿子完婚。长孙氏端庄秀美，李世民对她一见钟情，婚后和她一起开始了幸福生活。儿女情长久了，李世民未免英雄气短。他沉浸在温柔乡里不愿意出来，长孙氏却不同于一般的女流之辈，当即鼓励李世民建功立业，这激发了李世民

的雄心。

大业十一年（615年）八月，隋炀帝带领文武大臣北巡，却没想到在雁门郡遭到了突厥大军的偷袭。突厥大军不但把雁门郡围困起来，还攻占了三十九座城池。隋炀帝被围困在雁门郡，他心急如焚，因为城中的物资只能勉强维持二十来天。就在这样的危急时刻，隋炀帝采纳了大臣的建议，把诏书捆绑在木头上投入汾河。果然，全国各地都看到了隋炀帝从雁门郡发出的诏书。十七岁的李世民以此为契机，巧妙设下圈套，迷惑突厥大军，最终成功地解了隋炀帝的危难。

隋炀帝虽然暂时解了雁门郡的围，但此次被围却暴露了隋朝的重重问题。隋朝政权不稳，尽管霸权使得各方势力暂时向着隋朝俯首称臣，但是各方势力并非对隋炀帝心服口服。隋炀帝在雁门事变中受到了严重的惊吓，于是更加重视北方的防务。但是，隋朝内忧外患，不但外患未除，内忧也逐渐加剧。朝廷内外，不和谐的声音层出不穷，民心涣散。如果说隋朝在隋文帝杨坚在位时还很有气势，粮仓充实，国力强盛，那么当隋炀帝在位一段时间之后，隋朝就变成了病入膏肓的大象，看起来空有大架子，实际上却已经国库亏空，民怨沸腾了。在老百姓之间，正在流行一首歌谣，意思

是说李氏将会取代隋炀帝，登上皇位，一统天下。为了避免谣言成真，隋炀帝大肆屠杀李姓大臣。为了杀鸡儆猴，隋炀帝毫不迟疑地把开国第一重臣李穆满门抄斩。自此，朝廷中的李姓大臣全都胆战心惊。李渊也为此而提心吊胆，决定远远地离开政治的漩涡，保全自己和家人。

平定太原之乱，劝父起兵

大业十一年（615年），李渊主动申请出任太原留守。其实，隋炀帝一直器重李渊，倒是没有过多地怀疑李渊，反而认为李渊墨守成规，谨小慎微，是很难成事的。在当时，隋炀帝为北方的防守而烦心，又想到李渊平定叛乱向来给力，因而同意了李渊的请求，让李渊出任太原留守。当然，隋炀帝也并非对李渊完全放心，所以还特意任命高君雅和王威为副留守，暗中监视李渊的一举一动。李渊带着李世民火速赶赴太原上任，因为李世民有实战经验，关键时刻可以助他一臂之力。为了保证大儿子李建成和小儿子李元吉的安全，李渊特意拜托他人代为照顾家眷。

到了太原没多久，李世民就和李渊一起与兵力强劲的

起义军魏刀儿展开了激战。在这次战斗中，李渊只有五六千兵力，而魏刀儿却有两万兵力。虽然敌我双方兵力悬殊，但是李渊因为有儿子李世民的拼死相助，所以和儿子一起打败了魏刀儿。这场战斗使李世民一战成名，声名远播，从此之后李渊也更加信任和器重李世民。在太原期间，李世民带着队伍击溃了很多股起义军，不仅施展了自己的军事才能，也积累了丰富的实战经验。然而，李世民深知起义军是民心所向，根本不可能真正镇压下去，所以他为此忧心忡忡，在父亲面前说道："起义军是永远也征讨不完的。我们不管付出多少力气，冒着多么大的危险，与起义军奋力拼杀，有朝一日起义军卷土重来，或者威胁到皇帝的安危，皇帝一定还会拿我们问罪。"李渊何尝不知道这样的困局呢，但是他也知道此时时机未到，所以对于李世民所说的话，他并没有做出回应。对于李世民而言，这样的想法一旦在心中生根，就是很难抹除的，这也为他后来率兵叛变奠定了基础。

李渊和李世民谁都没想到的是，他们从大业十二年（616年）到达太原，命运就发生了转折，他们的人生从此之后彻底改变。

在太原生活期间，李世民结识了刘文静。对于李世民起兵抗击隋朝这件大事，刘文静在其中扮演着重要角色。如果

没有刘文静鼓动李世民，也许李世民还不能这么快地下定决心呢！那么，刘文静是何许人也呢？刘文静是晋阳令。他早就预感到隋朝必然灭亡，因而一直在想方设法地寻找真命天子，从而依附傍身。在结识李世民之后，他看到李世民胸怀大志，卓尔不凡，因而认定李世民绝非凡人，是一定会有所成就的。因而他故意结识李世民，也与李世民成为了关系亲近的朋友。李世民通过对刘文静的了解，也认为刘文静是可以共谋大事的人才，所以也很愿意与刘文静走得更近，互相倾诉心事。

正当李世民和刘文静的关系越来越亲密之际，刘文静受到瓦岗寨起义军首领——儿女亲家李密的牵连，被治罪为勾结乱党，投入太原监狱。如果说刘文静原本对于造反还心有疑虑，那么此刻他身陷囚牢，无法摆脱困境，就更加深切地意识到自己想要摆脱牢狱之灾，重新获得自由，就必须造反。李世民来到监狱里探望刘文静，刘文静借此机会和李世民开始密谋造反的事情。他们一拍即合，惺惺相惜。这次谈话虽然是在太原的监狱中进行的，彼时李世民还只是父亲李渊的小小助手，刘文静还身陷囚牢，但却足以载入史册。因为正是这次谈话，彻底改变了李世民和刘文静的命运轨迹，也对李渊父子建立唐朝起到了至关重要的作用。李世民辅佐

父亲李渊建立唐朝后，李渊拜刘文静为司马，刘文静的官职仅次于裴寂，足见李渊对刘文静的器重。

经过在太原监狱里与刘文静的密谈，李世民下定决心要起兵谋反。他与刘文静制订了详细周密的行动计划，计划的第一步就是先说服李渊。毕竟当时李渊才是太原留守，李世民只是辅佐李渊而已。所以要想起兵谋反，李世民就必须征求李渊的同意，且要争取到李渊的鼎力相助。

说服李渊并非容易的事情。在朝廷里，李渊贵为国公，官职很高，除非万不得已，他不会愿意起兵谋反。李世民没有直接向父亲表达谋反之意，而是在父亲面前表达了自己的忧虑，他忧心忡忡地说："父亲，您向来对皇上忠心耿耿，却忽略了天下百姓正生活在水深火热之中。父亲，您心里明白，当朝皇帝昏庸无能，荒淫无道，从来不顾百姓的死活，而只顾着自己享受。如今，民不聊生，各地的百姓纷纷揭竿起义，如果我们还是只知道尽忠于皇帝，无疑是置天下百姓于不顾。最重要的是，我们就算拼尽全力，也不可能把揭竿而起的百姓全都杀死，所以哪怕我们竭尽全力效忠皇帝，最终也只怕会大难临头，性命不保。"

李渊当然知道李世民话里的意思，也知道李世民到底想怎么做。他沉默不语地思考片刻，对李世民的说辞不置可

否，反而把问题踢给了李世民，问道："那么，你觉得该怎么办呢？"李世民走到父亲身边，俯在父亲的耳边，说："我认为这是天赐良机。我们既要顺应天命，也要顺应民心。不如趁此机会起兵，号令天下，成就帝业。"

听到李世民直言谋反，李渊心中一惊。他勃然大怒，冲着李世民怒骂道："你这个毛头小子可真是昏了头，居然有犯上作乱之意。你可知道，你今天所说的话一旦被外人知道，我们爷俩的人头都会不保，还会株连九族，祸及满门。快给我坦白，到底是谁指使你这么做的？！记住，在任何人面前，在任何地方、任何时间，都不要再说起今天的话，否则我们全家都会性命不保。"李世民了解李渊向来胆小谨慎，患得患失，因此他看到李渊声色俱厉，只是一语不发地退了出去，给父亲更多的时间冷静思考。直到次日下午，李世民趁着和李渊独处的时候，又对李渊说："父亲大人，我们每天杀害那些愤怒的百姓是不可能解决问题的。百姓是杀不尽的，我们要想让百姓踏踏实实地过日子，就要让他们享受盛世太平。您很清楚，我们忠诚于昏庸无能的皇上，最终难逃任人宰割的命运。既然我们被逼到了这个节骨眼上，就只能顺应天命。这样既可以拯救天下苍生，也可以保护我们全家人都享受富贵荣华啊！"这次，李渊没有和前一次一样

对李世民大发雷霆，而是坐在那里双目微闭，对李世民的所言丝毫没有表态。李世民明白李渊已经动了心，因而安安静静地等待李渊做出决定。

李渊沉思片刻，喟然长叹道："你说得对。我只想要国家安定，小家富贵。眼下看来，这两个心愿都不可能实现。既然如此，我们只能自己努力了。然而，此事事关重大，少安毋躁，还要严格保密，否则绝无可能成功。尤其是你，一定要管好自己，不要心急。"听到李渊的劝说，李世民知道再游说父亲也是没有用处的，只好先退下去想办法，等到父亲思虑周全，也许会主动和他提起这件事情。此时此刻，李世民对父亲唯一可以做的，就是等待。

李世民把几次三番试图劝说父亲的经过都告诉了刘文静，刘文静想到李渊向来与裴寂交好，因而建议李世民搬来裴寂当救兵。李世民原本与裴寂只有点头之交，现在为了劝说父亲，不得不故意和裴寂套近乎。他委托好友高斌廉和裴寂赌钱，还要故意输钱给裴寂。裴寂得知真相后，被李世民的良苦用心感动了，当即有意和李世民交往。后来，他们经常一起游山玩水，成为了关系亲密的好朋友。这个时候，李世民才把自己想要起兵的想法告诉裴寂，并且拜托裴寂帮助他劝说李渊。裴寂毫不推脱，当即答应了李世民的请求。

下定决心，开创大业

正在李渊迟疑不定的时候，一件极其糟糕的事情促使李渊下定了决心，起兵谋反。原来，大业十二年（616年），东突厥又来侵犯，李渊派出的人被突厥打败了。看到下属对抗突厥不利，李渊很担心自己也会因此而受到牵连，因而每时每刻都很担心。李世民抓住这个好机会，再次劝说李渊："父亲，您很明白，您早晚有一天会因为征战失利而被问罪，因为您不能保证自己百战百胜。如今，内忧外患，情势紧张，我们与其等着被治罪，还不如占据主动，举兵起义。将来有朝一日您成为皇上，还有谁敢治您的罪呢？"李世民果然料事如神，不久后，隋炀帝就因为这次对抗突厥失败，免除了李渊及其下属的职务，并且下令让人押解李渊及其下属到江都。李渊知道自己一旦到了江都，也许就没有活命的机会了，因而趁此机会又去询问李世民和裴寂对这件事情的态度。李世民和裴寂抓住这个机会劝说李渊举兵起义，李渊却担心众人不服。

李世民和裴寂纷纷劝说李渊，帮助李渊鼓舞信心。在他们的一番分析之下，李渊终于下定决心举兵起义。难道李渊此前从未有谋反之意，只是因为李世民和裴寂的劝说，才有了谋反之心吗？当然不是。李渊虽然谨慎，却并非没有胆识和谋略。实际上，他早在大业七年（611年）就有了谋反之意，只是时机未到，所以一直韬光养晦而已。大业十一年（615年），好友夏侯端也劝说过李渊谋反，李渊完全赞同夏侯端的主张，下定决心要谋反。接下来，他一直在等待合适的时机举兵。担任太原留守期间，李渊广纳人才，招兵买马，名义上是为了守住太原，实际上是借着公务的机会发展自己的势力。后来，他更是借着李世民和裴寂一起劝说他的机会，顺水推舟地答应举兵。

李渊尽管已经下定决心要举兵，却深知谋反要想成功是非常困难的。这个时候，不仅李渊在广纳贤才，李世民也结交了很多英雄豪杰，还培养了对他忠心耿耿的死士。至此，他们形成了效忠于李渊的一个组织结构，体系严密，纪律森然。后来，这些人成为了李渊起兵的重要军事力量和政治力量。等到李渊正式建立唐朝后，他们都成为了开国功臣，也成为了当朝元老。

李渊和李世民等人一直在有条不紊地做着准备工作。到了大业十三年（617年），马邑兵变爆发。李渊预感到时间越来越紧迫，因而让李世民和刘文静加快速度招兵买马。因为老百姓都对隋炀帝恨之入骨，所以他们扩大势力的速度很

快，才十来天，李渊就增兵近万。

这个时候，作为副太守的王威和高君雅听到人们议论纷纷，也开始怀疑李渊父子企图谋反。他们当机立断，想要借着祈雨大会的机会诱杀李渊，却被晋阳乡长刘世龙告密，因而李渊父子率领众人抢先除掉了王威和高君雅。自此，李渊父子二人正式起兵反隋。

李渊骁勇善战，征战无数，当然知道要想成就大事，先要免除后患的道理。他赶在起兵之前，就让留守河东的长子李建成带领全家来到太原，便于互相照顾，保存血脉。不得不说，李渊老谋深算，他还拒绝了突厥派兵援助的提议，从而避免了突厥借此机会攻打他的后方，保证了后方的稳定。在这样的巧妙安排和深思熟虑之下，李渊决定直取长安——隋朝的国都和军事重地。此时此刻，隋炀帝正在外面四处巡游，长安空虚，而且擒贼先擒王，一旦拿下长安，人心就会归顺。

李渊并不心急，他深知如果想要推翻隋朝，很容易引起百姓不满。所以他选取了一条中庸之道，即推翻隋炀帝，而不推翻隋朝，从而以这种方式避免那些忠诚于隋朝的军队和他为敌，也避免了同情隋朝的人站到他的对立面。与此同时，采取这样的策略还能争取到那些反对隋朝的势力，获得他们的支持，使得起兵更加顺利。李渊虽然是一员武将，但是他心思缜密。在决定军队旗帜的颜色时，他也考虑周详：为了避免汉人不满，他决定不用突厥的白旗；为了不激发百姓的怨恨，他决定不用隋朝的红旗。最终，他采用了红白相间的旗帜，既能够与突厥撇清关系，也可以与隋朝划清界限，从而避免了成为众矢之的。

为了起兵成事，李渊做足了准备，思虑周全。他想到了所有的细节：为了让自己的起兵变得合天意、顺民心，他还让汾、晋两地的百姓们传唱《桃李子歌》："桃李子，莫浪语，黄鹄绕山飞，宛转花园里。"这首歌的意思正是暗示唐公有天命，理应登上王位。就这样，李渊成功造势，尽得人心。

李渊在看到李密开粮仓救济百姓，得到民心之后，也效仿李密的做法，打开粮仓，赈济灾民。如此一来，老百姓对李渊更加信任。得知李渊正在招兵买马，他们纷纷报名，才用了不到二十天，李渊就又招募了几万兵马，队伍声势越发壮大。

很快，朝廷就知道了李渊举兵谋反的消息。隋炀帝当即命令长安、洛阳提高警惕，防御李渊的进攻。在权衡利弊之后，李渊决定先除掉西河郡丞高德儒，为南下扫清障碍。

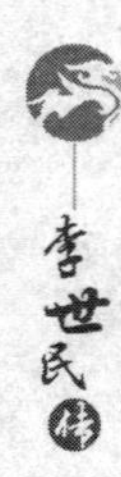

他把这个任务交给了长子李建成和次子李世民。这是李渊起兵之后第一次作战，意义非同寻常，因而他再三叮嘱两个儿子必须首战告捷。对于战争的结局，李渊其实心怀忐忑。虽然隋朝大势已去，但是隋朝的军队毕竟是正规军，战斗力很强，而他们所率领的起义军都是乌合之众，虽然有着推翻隋朝的热情，却没有接受过正规训练，也缺乏实战经验。尤其是作为青年将领的李建成和李世民，都是第一次独立指挥战斗，所以这场战争最后的结局胜负未明。

结局出乎李渊的预料，老百姓对李渊的呼声很高，都不愿意帮助高德儒守住城池。有些士兵临阵倒戈，有些士兵拒绝迎战，就这样，李建成和李世民几乎没费力气就攻占了西河郡。见到此情此景，李建成和李世民固然喜出望外，却没有被胜利冲昏头脑。他们仁义爱民，对老百姓秋毫无犯，更是树立了李渊的好口碑。首战告捷，李渊信心大增，认为自己一统天下指日可待。那么，李建成和李世民这次出兵为何如此顺利呢？这与他们的队伍军纪严明，爱戴百姓密切相关，也与李世民从小在军营里长大，能够和士兵打成一片，获得士兵的信任和拥戴密切相关。只花费了九天的时间，李建成和李世民就已凯旋。经此一战，李建成和李世民不但帮助李渊树立了好口碑，而且还树立了自己在军队中的威望。

李渊在西河郡战役后，再次开仓放粮，收编农民起义军，他们的兵力越来越强了。

独立领兵，助父称帝

经此一战，李渊得到了众人的拥护和爱戴，很快就建立了军事、政治机构，也为改朝换代做好了初步准备。李渊心系天下，当然不会满足于只得到太原。大业十三年（617年），李渊任命李元吉留守太原，自己则带着李建成和李世民，率领大军从太原出发，一路南下。自此，李渊父子踏上了建立大唐的征程。

在中原地带，李密率领的瓦岗军实力最强。李密原本想把各路起义军都收入麾下，拥护他为首领，共同反隋。毫无疑问，李渊作为起义军的后起之辈，也收到了李密的消息，但是李渊始终没有给李密任何回信。直至大兵出发前，为了避免腹背受敌，被瓦岗军袭击，李渊才假意给李密回信，表示愿意拥护李密为王。其实，他是为了让李密继续反隋，而不要对他们开战。果不其然，李密接到了李渊的来信后喜出望外，马上回信给李渊说瓦岗军绝不进犯太原。由此一来，

李渊就解除了后顾之忧，不再担心太原的安危了。

隋炀帝得知李渊起兵南下的消息后，心急如焚，派出重兵阻止李渊南下。这个时候，因为连日降雨，道路泥泞，李渊只好命令全体将士原地驻扎，等到天气转晴之后再继续南下。然而，他们的粮草马上就要消耗光了，天气却依然阴雨连绵，李渊急得如同热锅上的蚂蚁一样团团乱转。这个时候，晋阳告急，原来刘武周和突厥勾结起来攻打晋阳。这样一来，李渊后院起火，情势变得更加危急。裴寂建议李渊火速赶回晋阳平定后方，择机再挥师南下，然而，李世民却坚决反对退兵。他向李渊分析了当下的情势，认为一旦退兵就会导致军心涣散，此外他还建议李渊不要忌惮刘武周和突厥的兵力，因为刘武周和突厥是面和心不和，更不要忌惮李密，因为李密根本无暇攻打他们。在李世民的再三劝谏下，李渊最终改变了退兵的主意，继续挥师南下。

从根本上来说，裴寂等人主张回到晋阳，因为晋阳是义军的根据地，也是义军的大后方。所以裴寂等人主张回到晋阳，并非胆小怯懦，而是考虑到后方稳固。相比之下，李世民主张继续挥师南下，也并非急于冒进，而是因为他分析了刘武周和突厥的合作情况，也分析了李密的战况，认为他们都不足为惧。最终，李渊醒悟过来，采纳了李世民的建

议，撤回了退兵，继续挥师南下，所以才能一鼓作气，到达霍邑，与镇守霍邑的宋老生一决高下。李渊深知隋军训练有素，宋老生还有背城布阵的优势，因此没有贸然进攻，而是设下计谋，佯装后退，引诱宋老生追击。宋老生呢，以为李渊的队伍和其他义军一样不堪一击，所以十分轻敌，中了李渊的圈套，没有固守城池，反而对李渊的“退兵”穷追不舍。最终，李建成和李世民对宋老生两面夹击，李渊率领军队对宋老生迎头赶上。最终，在两个儿子的鼎力相助下，尤其是在李世民的“妙计”下，李渊打败了宋老生。

李世民的“妙计”是什么呢？原来，隋军训练有素，李世民在对隋军应接不暇之际，突然心生一计，大声呼喊：“我已经活捉宋老生，隋军中主动投降者可免死罪。”李世民的呼声一出，扰乱了隋军的阵仗。隋军军心大乱，溃不成军，当即朝着城里撤退，却在关闭城门时，把宋老生以及宋老生所率领的军队留在了城门外，让宋老生成为了孤军。李渊父子三人齐心协力，把宋老生围困起来，使其无路可退，也无路可进，陷入绝境。正当宋老生感到绝望准备自杀之际，义军的刘弘基恰巧赶到，腰斩了宋老生。这使得宋老生的部下们全都军心涣散，最终全军覆灭。

这个时候，尽管天色已经晚了，但是李渊一鼓作气，号

令将士们马上攻城。城里的隋军将士们虽然还在抵抗，但是气势大不如前。很快，李渊就率领队伍攻入城池，隋军的将士们全都下跪投降。见此情形，李渊高兴极了。他命令全体将士都必须严守军纪，决不允许扰乱百姓的生活，所以城中的百姓生活一如往常，没有受到任何影响。

这是李渊起兵之后的第二次大战，史称霍邑之战。原本，李渊以为这一战要耗费很长时间，却没想到在李世民的英明决策之下，这场大战速战速决，战果显赫。从此之后，李渊特别赏识李世民的军事才华，还把掌管军队的大权交给了李世民。

霍邑大战让李渊父子名声大噪，很多人都带领队伍投靠他们，他们的队伍迅速壮大起来。接下来，李渊父子计划攻下河东城。河东城相当于关中的大门，只要攻入河东城，就相当于打开了关中的门户。隋炀帝当然知道李渊父子的计划，他当即命令隋朝的名将屈突通坚守河东城，决不能让李渊父子的计划得逞。屈突通是隋朝大将，深谙兵法，且有丰富的实战经验。接到这个艰巨的任务之后，他一到河东城，就开始修筑防御工事，为抵御李渊父子率领的起义军做准备。可想而知，河东城城防坚固，又有屈突通这样的名将捍卫，李渊想要攻下河东城，简直难于登天。李渊强攻不下河东城，决定采取迂回战术，先攻打隋朝的大型粮仓之一——永丰仓所在的邑县。这次，李渊兵分两路，留下一路兵马继续围困河东，又率领主力军西渡黄河，进入关中，在长春宫驻扎下来。屈突通尽管是大将，却分身乏术，顾此失彼，最终只能退守河东城。这时，李渊父子已经占领了关中大部分地区，队伍也空前壮大起来。其中，李世民的队伍人数众多，多达十三万人。正是在关中征战期间，李世民结识了房玄龄，后来，李世民与房玄龄之间成就了君臣佳话。

李渊父子势如破竹，很快就攻下了长安城。在裴寂的建议下，李渊并没有自立为王，而是拥护代王杨侑登基，史称隋恭帝。这时，隋炀帝远在江都，李渊却依然尊称其为太上皇。至此，李渊自封为唐王，独揽国家大权，隋恭帝只是一个傀儡而已。李渊立长子李建成为世子，立次子李世民为京兆尹，封秦公。李渊只用了一年多时间，就在关中站稳了脚跟。从此之后，他大张旗鼓地招贤纳士，奖励军功，而且对隋朝旧时的老臣封官加爵，笼络人心。正是因为采取了这三项政策，李渊才能为李唐王朝的建立奠定基础，也实现了从隋朝到李唐王朝的平稳过渡。

义宁二年（618年），隋朝禁军将领马德勘和大臣宇文化及发动了江都兵变，杀死了隋炀帝，准备率军进入关中，

却与盘踞中原的瓦岗军打了遭遇战。这个时候，李渊得知隋炀帝已经死了，当即开始准备禅位典礼，让隋恭帝禅让皇位给他。就这样，李渊顺利即位，正式建立唐朝，以长安为都。李渊，就是唐高祖。

李渊即位之后，立李建成为太子，封李世民为秦王。然而，李世民在李渊建立唐朝的过程中战功赫赫，在唐朝的地位至关重要，不可撼动。这为后来李世民登基奠定了坚实的基础。

第二章 南征北讨，建立新朝

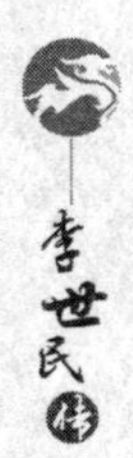

平定西秦

李渊在长安建都之后，关东的各路起义军依然彼此征战，谁也不愿意把大好河山拱手让人。其中，以河南瓦岗寨的李密、河北的窦建德和江淮的杜伏威势力最为强大。除了这三股极强的势力之外，李渊对陇西的薛举、薛仁杲父子、洛阳的王世充和马邑的刘武周等割据势力都颇为忌惮。只要这些势力存在一日，唐朝就岌岌可危。必须平定各方军事割据势力，李唐的江山才能真正稳固下来。为此，李渊让太子李建成留在长安帮他处理朝政，而让次子李世民统帅大军，讨伐割据势力，稳固李唐江山。

李渊要想统一天下，面对的第一个强劲对手就是薛举、薛仁杲父子。这是李渊建立大唐之后开展的第一战。李世民作为全军统帅，他的军事才能卓越，表现特别突出，率领部队一举获胜，为李渊铲除了心腹大患。

薛举祖籍山西，利用手中的兵权囚禁了金城令郝瑗，开仓放粮，拯救了无以为生的老百姓，因而获得了老百姓的热烈拥戴。从此之后，薛举自称西秦霸王，建元秦兴，以金城

为都。薛举率领队伍四处征战，队伍的实力越来越强大。大业十三年（617年），薛举起兵反隋，称帝之后立儿子薛仁杲为太子。和李渊相比，薛举不是皇亲国戚，和李密相比，薛举没有满腹经纶，那么他到底是凭着什么才能在群雄割据时代里为自己赢得了一席之地的呢？薛举有三大优势，分别是财力雄厚、武艺超强、儿子勇猛。

薛举从小在大草原上长大，在游牧生活中练就了超强的骑射技艺，又因为他的祖先们都是经商的，所以他继承了万贯家财。正是因为如此，他才能广交天下的朋友，又凭着自身的实力和儿子们的英勇，打下了属于自己的江山。

当然，薛举的势力发展并不顺利。李轨作为另一股造反势力的首领，早就对薛举的地盘虎视眈眈了。又因为他的地盘与薛举的地盘比邻，所以他总是蠢蠢欲动，时常与薛举发生争斗。但薛举并没有因此而限制自身的发展，而是凭着实力迁都秦州，从此之后，他与李轨的地盘就相距甚远，李轨对薛举也就鞭长莫及了。因为李轨占据着河西的大部分地方，所以薛举在发展势力的时候，为了避免与李轨争斗，只能向东发展。薛举在迁都后，开始大肆扩张地盘，很快就率领大军到达了扶风郡附近。

在扶风郡附近，薛仁杲带领的队伍遭到了唐弼和李弘芝

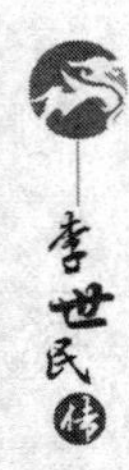

率领的起义军的抵抗。薛仁杲用金钱收买了唐弼，唐弼杀死了李弘芝，投靠了薛仁杲。唐弼哪里知道，薛仁杲连主动投降的士兵都杀死了，又怎么会留下他这个心腹大患呢？得知唐弼果真背信弃义，杀死了李弘芝，薛仁杲趁着唐弼军心混乱之际，突袭唐弼，把唐弼的大军收入麾下。唐弼这才知道受骗上当了，因而赶紧率领一百多名骑兵投奔官府，却被扶风太守窦琏久除之而后快。

虽然薛仁杲以这样不光彩的手段获得了胜利，但是他的确是胜者。很快，薛仁杲就拥有了三十万大军。他原本想挥师长安，却没料到李渊抢先他一步。薛举和薛仁杲父子对此愤愤不平，对李渊始终虎视眈眈，李世民率军与薛仁杲对抗，打败了薛仁杲。无奈之下，薛举和薛仁杲父子只好考虑与突厥联合起来攻取长安。李渊得知消息后寝食难安，赶紧想出了收买突厥的对策。突厥人和唐弼一样贪财，所以李渊的收买计划大获成功，突厥人收了李渊的金钱之后，当即改变主意，不愿意再和薛举结盟了。薛举以金钱贿赂的方式收买了唐弼，却又被突厥因金钱贿赂而背信弃义，可谓是天道轮回。

武德元年（618年）五月，李渊正式登基称帝。面对薛举的重兵入侵，李渊任命李世民为西讨元帅，主动对薛举展开进攻。李世民深知薛举并非等闲，因此下令按兵不动。正

在此时，李世民患上了疟疾，委托殷开山和刘文静代为指挥大军。尽管李世民对殷开山和刘文静千叮万嘱，让他们一定要少安毋躁，切勿开战，然而殷开山和刘文静求胜心切，又想趁着李世民养病的机会为李世民排忧解难，为此他们完全没有采纳李世民的意见，而是率领大军进攻薛举。结果，唐军损失大半，还有很多位大将都成了薛举的俘虏。李世民看到唐军损兵折将，惨不忍睹，当即率领剩下的将士们逃回长安。和薛举对抗而战败使得李渊怒气冲天。他下令革除了刘文静的职务。然而，严厉处罚刘文静并不能扭转战场上的局势。此时，薛举决定乘胜追击，攻入长安。李渊心急如焚，赶紧派人带着重礼去突厥拜访始毕可汗。始毕可汗果然爱财如命，这一次他们和李世民结盟，缓解了大唐的围困之局。得知这个消息，薛举急火攻心，暴病身亡。薛举去世后，薛仁杲登上王位，他生性残暴，疑心太重，很快就变成了孤家寡人。看到薛仁杲的困境，李渊趁此机会再次命令李世民率领大军征战。李世民还惦记着前一次被打败的耻辱，因而依然选择在高墌城与薛仁杲对决。这一次，李世民采取坚壁清野的政策，只守不攻，消耗薛仁杲的耐力和粮草。果然，在僵持六十多天后，薛仁杲粮草耗尽，军心不稳，他手下的很多将领都率军向李世民投降了，其中还包括他的亲妹夫。如

此一来，薛仁杲的队伍中人人都不看好这场战斗，李世民抓住这个千载难逢的好机会，当即率领大军从浅水塬北面对薛仁杲展开进攻。经过激战，薛仁杲败退，李世民率领大军穷追不舍，在看到薛仁杲进入高墌城之后，把高墌城如同箍铁桶一样围困起来。果不其然，薛仁杲看到情势不妙，选择投降。李世民就这样平定了西秦。

对于唐朝而言，浅水塬之战事关生死，正是因为有了骁勇善战、有勇有谋的李世民，李渊才能后顾无忧。在浅水塬之战中，尽管李世民得到了朝廷的大力支持，但是他杰出的军事才能也是至关重要的。

在浅水塬之战中打败了薛仁杲之后，李世民接管了西秦旧地。隋朝曾经以陇右之地养马，李世民也在陇右养了很多马，还训练了骑兵。在此过程中，李世民的势力不断地发展壮大。这也为他日后登上帝位奠定了基础。

铲除刘武周

李世民英勇无畏，以勇敢和智谋消灭了薛举和薛仁杲父子。接下来，他最想铲除的就是刘武周。这是因为刘武周的势

力和唐朝的起源地太原相距很近，随时都有可能威胁到唐朝的安定和稳固。最重要的是，此时此刻，刘武周早就蠢蠢欲动了，他下一步的计划就是进攻太原，从而谋算长安。为此，李世民恨不得当即就除掉刘武周，为大唐消除后顾之忧。

刘武周是个草莽英雄，最喜欢广交天下朋友。他从小就擅长骑射，不爱学习。他原本跟随隋朝大将杨义臣，后来又跟随马邑太守王仁恭。不想，刘武周贪恋女色，居然和王仁恭的侍女私通。后来，他担心东窗事发，被王仁恭处死，因而勾结他人，抢先下手，不但杀害了王仁恭，还提着王仁恭的人头示众。王仁恭是朝廷命官，刘武周深知杀害朝廷命官死罪难逃，因而决定树起起义的大旗。为了收拢人心，他当即开仓放粮，百姓们纷纷报名参加起义军，所以很快他就有了一支一万多人的队伍。为了与朝廷和其他起义军对抗，他还依附突厥，被突厥封为“定杨可汗”。在北方，刘武周率领的起义军实力很强，占据了北方大部分地区。

正在这时，易州农民起义军领袖宋金刚被窦建德击败，走投无路之下，率领剩下的四千多起义军投奔了刘武周。刘武周得到这样的一员大将，喜出望外，赶紧封宋金刚为宋王，负责掌管军事。宋金刚感恩刘武周对他的重用，因而休

掉了自己的妻子，迎娶了刘武周的妹妹。从此之后，他对刘武周忠心耿耿，刘武周也更加器重他。

刘武周和宋金刚先是兵分两路，刘武周攻打介州，宋金刚攻打并州。刘武周很快就攻下介州，但宋金刚攻打的并州则是一块硬骨头。后来，刘武周率领大军与宋金刚会和，全力攻打并州。多年来，李渊一直以并州为据点，为此并州的军事防务非常牢固，易守难攻。李渊的四儿子李元吉负责守卫并州。李元吉生性残暴，整日寻欢作乐，还喜欢玩打仗的游戏，也喜欢打猎。他丝毫不顾惜百姓，曾经拿着箭射向街道，看到街道上的老百姓惊恐地躲避，他却开心得哈哈大笑。为此，李元吉尽失民心。对于这个大逆不道的儿子，李渊远在长安，鞭长莫及，在迫于舆论的压力罢免了李元吉并州太守的职务后，在李元吉的苦苦哀求之下，又同意让李元吉留在并州担任官员。李元吉因此，继续过着荒淫无道的生活。

得知刘武周对并州势在必得，李渊赶紧派出裴寂担任晋州道行军总管，率军讨伐刘武周。然而，裴寂只是政治家，而非军事家。他既不懂得战略战术，也没有实战经验。他实行坚壁清野的政策，使原本就生活艰难的老百姓更加无心为生，为此很多百姓都揭竿起义，开始造反。很快，刘武周就

攻下了并州和太原。他的进攻路线和李渊当年的进攻路线相似，不过他所用的时间更短。攻下并州和太原之后，刘武周直逼绛州，又攻下了龙门和浍州。得知刘武周侵占了李唐王朝的发源地，李渊大惊失色，老百姓也纷纷说李唐的江山岌岌可危。一时之间，李渊乱了阵脚，甚至在朝廷之上和诸位大臣商议着退守关西。对于李渊的提议，李世民表示坚决反对，他认为太原是国家的根基，一旦太原失守，王朝就会陷入危险的境地，很有可能因此而覆灭。为此，李世民主动请缨要去收复失地。

李渊知道李世民此次征战关系到李唐王朝的生死存亡，因而亲自摆酒给李世民壮行。李世民此战如果能够获胜，则大唐王朝的大后方就再无后顾之忧；如果遭遇失败，则李唐王朝无法统一天下。李世民也深知自己肩上的责任重大，因而誓死要打败刘武周。

很快，李世民率领大军来到龙门，准备渡过黄河和汾水一路北上。此时天寒地冻，河面结冰，士兵可以从冰面上渡河，但战马一旦踏足冰面就会摔倒。面对这样的困境，李世民灵机一动，号召将士们用布包裹战马的四蹄，这样就能增大马蹄和冰面的摩擦力，从而帮助战马顺利横穿冰面。渡过结冰的河流之后，李世民率领大军驻扎在柏壁，和刘武周的

军队遥遥对峙。

到达柏壁后，李世民和军队面临很大的困境。原来，因为裴寂此前实行坚壁清野的政策，所以老百姓们全都躲藏在城里，这导致李世民的队伍根本征集不到足够的粮草。为了渡过难关，李世民当即实行爱民政策，安抚民心。在此之前，老百姓就很爱戴李世民，所以当李世民打出自己的名号之后，老百姓们都对李世民表示归顺，也都全力帮助李世民。就这样，李世民化解了粮草危机，队伍也得以壮大。面对刘武周和宋金刚，李世民依然采取以守为主的策略。这并非因为李世民畏惧刘武周和宋金刚，而是因为他想等待时机。不过，李世民在暂时坚守的过程中，经常派出小股兵力扰乱刘武周的队伍，或者是在刘武周开始进攻的时候，与刘武周对抗。在此过程中，李世民取得了小小的胜利，唐军信心大增，士气提振。在与刘武周的队伍斡旋的过程中，李世民还重视察敌情。古人云，知己知彼，百战不殆。李世民正是因为采取了以守为主的战斗策略，积极地打探敌情，扰乱敌人的心态，才能极大地消耗刘武周和宋金刚的粮草储备，使他们军心不稳，人心惶惶。

最终，宋金刚因为粮草紧缺，即使四处掠夺也无以为继，只好下令撤军。这个时候，李世民率领大军追击宋金刚的队

伍。面对人心动荡、仓皇撤退的敌军，李世民率领大军穷追猛打。宋金刚的队伍边战边逃，在逃跑的一个昼夜里，与李世民的队伍打了几十仗，每次都以失败而告终。就这样，李世民追击宋金刚，追出了二百多里路。这个时候，有部下建议李世民在人困马乏之际不要继续追击了，李世民却坚决主张乘胜追击，最终在雀鼠谷追赶上了宋金刚的主力大军，在又进行了八次激战之后，大获全胜，歼灭敌军数万人。

经此一战，李世民和部下们终于可以就地宿营，好好地吃顿饱饭、睡个囫囵觉了。随后，李世民马上又率军继续追击宋金刚的队伍到达介休。这个时候，宋金刚的队伍只剩下两万人了。他摆出一副鱼死网破的架势，要与李世民决一死战。李世民当然知道这一战的重要性，因而也做好了准备要与宋金刚决战。敌我双方都抱着必死的决心，当即杀得尸横遍野，血流成河。宋金刚的军队一直在打败仗，将士们早已信心全无，因而一触即溃。李世民对宋金刚紧追不舍，一直到了张难堡。在张难堡里，唐军已经被围困多日。为了让城里的全体将士与自己里应外合，李世民摘掉头盔，向守卫堡垒的士兵示意。士兵们看到是秦王李世民来了，当即欢呼雀跃，热泪盈眶，随即开门放行。李世民进城后，城内缺少粮草，只能以粗茶淡饭侍奉李世民，李世民却丝毫不嫌弃，狼

吞虎咽地吃饱了。

正在此时，原本跟随宋金刚的尉迟敬德和寻相等将领，眼看着宋金刚就要被赶尽杀绝，因而率领八千多人来向李世民投降。得知宋金刚内部已经瓦解，李世民非常高兴，当即任命尉迟敬德为右一府统军，还把和尉迟敬德一起来投降的八千多人依然交给尉迟敬德统帅。面对李世民的决定，有的部下提醒李世民尉迟敬德才刚刚投奔过来，还不值得信任和委以重任，而李世民却认为只要他善待尉迟敬德，尉迟敬德一定不会背叛他。

等到李世民再次追击宋金刚时，宋金刚早已成为孤家寡人，只有一百多名骑兵依然追随他。刘武周得知宋金刚全军覆没，只得放弃太原，往北退去。宋金刚得到刘武周的消息，想要穿越突厥领地，与刘武周会和，却被突厥抓住并腰斩。刘武周流亡突厥后，与部下密谋逃回马邑，也被突厥人杀死。自此，刘武周的起义彻底失败，他的势力也消亡殆尽。

这次讨伐刘武周与宋金刚，李世民经过了半年艰苦卓绝的战斗，大获全胜，不但消灭了刘武周和宋金刚的势力，还收复了并、汾失地，可谓战功赫赫，是大唐王朝的第一功臣。在李世民战绩辉煌的军旅生涯中，这是他经历的第二

场大战役。虽然人们都说穷寇莫追，但是李世民具有卓越的军事才能和丰富的实战经验，所以在这次战斗中，他审时度势，采取了更为恰当的战略，对宋金刚紧追不舍，最终歼灭了宋金刚的队伍。这充分说明，李世民在军事方面达到了极高的造诣，对于战略战术的运用也已经达到了炉火纯青、出神入化的境界。他对于战场上瞬息万变的局势把控到位，对于敌人的处境和心理也都拿捏到位，所以才能百战不殆。经过这场战役，李世民在军事上的实力越发强大起来，他在朝廷中也具有了更高的声望。

鹬蚌相争，渔翁得利

李世民彻底铲除了刘武周之后，李唐王朝的东北侧翼处于稳固状态。这个时期，李唐王朝加快了统一全国的步伐。当时，在中原，李唐王朝与王世充、窦建德呈现三足鼎立的态势。李渊对于王世充和窦建德都想除之而后快，却很难一举拿下。考虑到窦建德所在的地方距离李唐王朝的地界还有一定距离，所以李渊决定先攻打王世充。让李渊大喜过望的是，正当他计划对王世充发兵的时候，王世充居然抢先对窦

建德的黎阳展开了进攻。看到王世充背信弃义，窦建德马上派出兵马，攻占了王世充的殷州。就这样，窦建德和王世充彻底反目成仇，互相攻击。这样一来，李渊无需担心窦建德和王世充会结为联盟，联手对付他了。他放下心来，计划着慢慢将他们各个击破。

李渊决定出兵攻打王世充，为了避免被窦建德抄了后路，李渊在出兵之前先派出使者与窦建德建立良好的关系。在得到窦建德的支持后，李渊让李世民率领大军出关，征讨王世充。武德三年（620年）七月，李世民率领大军直奔东都。这是李唐王朝建立以来最大规模的用兵，足以证明李渊要荡平王世充的决心。王世充很快就得到了消息，第一时间派出大军在洛阳附近布防。他还亲自率领三万大军，只等唐军来犯，就与唐军决一死战。

李世民很清楚，王世充的精兵强将都镇守洛阳，因而洛阳固若金汤，很难攻下。曾经，李密的瓦岗军和宇文化及的禁军都曾经出兵攻打洛阳，却以失败而告终。这一次，李世民能顺利攻下洛阳吗？

李世民率领唐军一路行进，很快就抵达了新安。新安距离洛阳很近，只有百十里路。李世民率军来到新安后，派人包围了洛阳的屏藩——慈涧。王世充身经百战，实战

经验丰富，当然知道慈涧对洛阳的意义非同寻常，因而亲自率领三万大军赶赴慈涧，守护慈涧。正是在慈涧城外，李世民与王世充有了一次偶遇。原来，李世民带着很少的兵力侦察敌情，王世充恰巧率领大队人马赶来救援慈涧。王世充看到李世民只带着一小队人马，当即想到要活捉李世民，提前结束血战。却没想到，李世民英勇无畏，不但冲出了王世充的重重包围，还活捉了王世充的一员大将！王世充看到李世民如此英勇，不由得心生怯意，当即率军退入慈涧。

次日，李世民率领五万大军攻城。王世充和慈涧守备寇仲登上城楼查看情况，只见唐军气势磅礴，训练有素，军纪严明，装备精良，又看见唐军排兵布阵非常精妙，队形可在瞬息之间变化万千，不由得心惊胆战。王世充问寇仲："唐军如此精良，我们是守城，还是主动迎战呢？"寇仲听到王世充居然提出这样的问题，不由得心中一震，他认为王世充已经被唐军吓破了胆，所以才会如此发问。其实，寇仲误会了王世充，王世充之所以这么问，只是尊重寇仲而已。王世充对于自己的处境看得很清楚，他知道慈涧只是个小城，无法像洛阳那样长期固守，否则必然粮草短缺。因此，王世充其实已经打定主意要迎战了。很快，王世充就下达了作战的

命令。

李世民在士兵数量上占据优势，因而不停地变阵，持续地进攻，呈现出越战越勇的态势。而王世充呢，守着慈涧小城，兵力又远远不如李世民，因而在李世民的玄甲天兵阵法下，很快就溃不成军。眼见着自己处于下风，王世充率领余部火速返回洛阳。就这样，李世民攻入了慈涧，把慈涧作为了自己的临时据点和指挥中心。

作为军事奇才，李世民当然知道兵贵神速的道理。他在慈涧进行了短暂修整后，马上下令大军攻打洛阳。他巧妙地布置了合围之势，把洛阳包围起来，使其处于孤立无援的境地。王世充饱受合围之苦，不得已只好在洛阳城西北方向的青城宫，隔着水与唐军对峙。在阵前，李世民与王世充再次见面。王世充质问李世民为何要攻打他，李世民慷慨陈词："大唐王朝顺应天命而建立，你却割据一方，岂不是藐视我大唐王朝吗？国家必须统一，百姓才能过上安定的好日子，我只是替天行道而已。"王世充知道以自己的兵力是绝无可能战胜李世民的，因而想要与李世民谈和，却被李世民坚决拒绝了。

就在李世民与王世充僵持不下之际，洛阳周围的很多城池都被唐军攻占。很快，洛阳就成为了一座孤城。王世充只

好向窦建德求援，窦建德在刘斌的建议下，决定援助并想趁机吞并王世充，继而攻占长安。起兵之前，窦建德虚张声势地写信给李世民，说自己即将率领三十万大军驰援。对此，李世民不以为然。虽然窦建德的军事行为的确威胁到了长安的安全，也扰乱了李世民的军事部署。

此时，长期围困洛阳的唐军看到双方僵持不下，战局毫无进展，未免感到心浮气躁。这个时候，李世民的大将薛收提议兵分几路，一路切断窦建德和王世充的联系，一路继续围困洛阳，而李世民则率军依靠天险固守成皋。李世民结合各位大将的意见，得出了结论："洛阳城内王世充粮草耗尽，不需要主动出击就能击破；窦建德因为才刚刚打败了孟海公，所以军心浮躁，唐军只要固守虎牢关，就能阻止窦建德驰援王世充，那么不出十日，王世充就会溃败。由此可见，占据虎牢关是取胜的关键。"

虽然李世民分析得头头是道，但是在场的将士们全都沉默不语。他们认为战争的情势瞬息万变，一切也许并不像李世民所说的这样容易。平日里，李世民从谏如流，很积极地采纳将士们的意见，这一次他却特别固执，决定要按照自己的计划去做。为此，李世民让房玄龄写信给窦建德，故意激

怒窦建德，诱使窦建德出兵。紧接着，他下令让齐王李元吉和大将屈突通继续围困洛阳，却禁止他们主动进攻。众人都为李世民捏一把汗，李世民却在当晚就率领三千精骑赶赴虎牢关。这完全符合他一贯快攻猛打的作风。才几天过去，李世民就攻占了虎牢关，抢占了先机。这个时候，窦建德正在距离虎牢关二十多里路之外安营扎寨。他哪里能想到李世民已经切断了他继续前进的道路呢！

占据虎牢关之后，李世民没有以逸待劳，而是命令将士们沿途设伏，自己则带领五百精骑飞驰向窦建德的营地，想要引诱窦建德追击。果然，窦建德得到消息，知道李世民只带着小部队，此刻与自己近在咫尺，因而当即调集五千多铁骑，对李世民穷追不舍。李世民气定神闲地撤退，时而佯装进攻，射中了窦建德的士兵。就这样，他们很快就把窦建德的队伍引到自己的包围圈里，可想而知，窦建德的队伍中了埋伏，损失惨重，锐气尽消。

获得了这次小小的胜利，李世民再次写信给窦建德，指责窦建德背叛了大唐王朝，是不仁不义，还嘲笑窦建德实力堪忧。被李世民羞辱，窦建德怒气冲天。原本，他想与唐军速战速决，现在却因为唐军占据了虎牢关，而不得不改变战略，和唐军打起了持久战。最终，窦建德陷入了进退两难

的困境中，决定北上。王世充得知窦建德即将北上的消息心急如焚，因为如果窦建德北上，那么他就必然会被困死于洛阳。为此，王世充收买了窦建德的几员大将，让他们想方设法阻止窦建德北上。就这样，窦建德放弃了北上的计划，依然与李世民僵持不下。

五月，李世民得知窦建德要偷袭他们，将计就计，决定以拖延战术消耗窦建德将士们的体力。为此，他派出队伍与窦建德纠缠不休，窦建德的全体将士很快就疲惫不堪，而且饥肠辘辘了。这个时候，李世民在远处看到窦建德的队伍队形涣散，将士们精神不振，因而当即命令骑兵对窦建德展开攻击。唐军杀入窦建德的队伍中如入无人之境，个个骁勇善战，很快就杀得窦建德的队伍丢盔弃甲，溃不成军。很快，李世民活捉了窦建德。窦建德的妻子曹氏得知消息，当即率领剩下的队伍回到河北。

看到窦建德被俘虏回到营地，李世民对窦建德奉若上宾，不但让士兵为窦建德解绑，还亲自帮助窦建德清洗伤口，小心包扎。李世民劝说窦建德与他联合，攻打东都，消灭王世充，并且承诺会保证窦建德全家都性命无忧。窦建德感动不已，当即写信给妻子，劝说妻子投降李世民。很快，曹氏带领文武百官，向李世民投降了。就这样，李世民收服

了窦建德。

李世民当即用囚车押解窦建德来到洛阳城下。此时，王世充正在洛阳城上查看情况，正好看到了囚车中的窦建德，不由得大惊失色。后来，李世民又派了窦建德的部下长孙安世进入洛阳城当说客，向王世充讲述了窦建德为何失败，并且游说王世充投降。在李世民的种种安排之下，王世充和将士们全都人心惶惶，大家纷纷主张投降。后来，李世民保证王世充投降之后性命无忧，王世充这才决定投降。至此，中原的窦建德和王世充都被李世民平定了，大唐王朝在中原的地位更加不可撼动。

李世民用了将近一年的时间，才结束了洛阳和虎牢关的战斗。在王世充和窦建德都被铲除之后，大唐王朝的势力越来越强大，李唐统一天下的日子也越来越近了。在这一战中，李渊派出了大量兵马，李世民的表现无人能及。至此，在大唐王朝内部，李世民的威望越来越高，达到了巅峰。在洛阳城里，街头巷尾，老幼妇孺，贩夫走卒，只要提起李世民，全都钦佩不已。

进入洛阳后，李世民给老百姓发放粮食，收买人心，又严厉惩治了那些为非作歹、吃里爬外的人，稳定了洛阳的局势。此外，李世民还把被王世充抓入监狱里的很多人都放了

出来，并且举行了仪式，祭奠那些被王世充残害致死的人。做完这一切之后，李世民押解窦建德和王世充回到长安，窦建德被斩首，王世充被发配四川。遗憾的是，王世充尽管侥幸活了下来，却在去往四川的路上被仇人追杀，丢了性命。

铲除刘黑闼

在李世民铲除了窦建德和王世充之后，大唐王朝的地位越来越稳固。这个时期，地方割据势力中只有萧铣实力稍强，不过他安居江南，不足为患。李渊看到统一天下有望，赶紧宣布大赦天下。然而，窦建德的余党又形成了反唐势力，且渐成气候。

原来，李世民宅心仁厚，在铲除了窦建德之后，并没有彻底清剿余党，而是把他们遣送回原籍，并且叮嘱地方官善待这些人。结果，地方官对这些余党恨之入骨，不但没有善待他们，反而还抓捕他们，对他们施加重刑。为此，窦建德的余党无心生活，对大唐王朝的怨气越来越大，最终又开始起义，并且推举刘黑闼为首领。

刘黑闼和窦建德从小一起长大，他有勇有谋，先是参加

了瓦岗军起义，后来投奔到王世充的麾下，最后又为窦建德效力。窦建德很器重刘黑闼，封刘黑闼为东汉公。看到窦建德兵败，刘黑闼回到故乡潜伏起来，伺机而动。后来，大家一致推举他当起义军的首领，他也就顺水推舟，率领起义军开始对抗大唐。刘黑闼率领的起义军队伍势如破竹，很快就杀死了唐朝的一些官员，还占领了很多州县。原本，刘黑闼率领的起义队伍只是星星之火，却在快速发展的过程中形成了燎原之势。

为了尽快壮大队伍，刘黑闼还暗中向对大唐王朝投降之后被封为鲁国公的徐圆朗求助。徐圆朗下定决心要反抗大唐王朝，因而突袭了李渊的大将盛彦师。盛彦师对大唐忠心耿耿，拒绝了徐圆朗的邀请。徐圆朗为了争取民心，没有杀害盛彦师，后来盛彦师逃出了徐圆朗的队伍，回到大唐王朝，成为州刺史。

在刘黑闼的影响下，窦建德的老部下们都蠢蠢欲动，他们联合起来杀害了很多唐朝的官员。因为人心很齐，刘黑闼带领窦建德的老部下们，只用了几个月的时间就从大唐抢回了原本属于窦建德的地盘。李渊才刚刚松了一口气，现在看到刘黑闼的起义军队伍不断发展壮大，心急如焚。他再次派李世民和李元吉率领大军赶赴山东。在大唐

建立之初统一北方的战争中，这是李世民指挥的最后一次大规模战役。

李世民接到李渊的任命后，当即率领大军到达了获嘉。刘黑闼战争经验丰富，懂得两虎相争必有一伤的道理，因而当即避开了李世民的主力队伍，保存自身的实力。刘黑闼也是很懂得战略战术的，他发现大唐幽州总管李艺想要率军与李世民会和，因而当即亲自率领主力军拦截李艺。这个时候，李世民趁着刘黑闼的根据地城中空虚，命令将士们带着六十具战鼓到达城外，拼尽全力地擂响战鼓。负责守城的士兵们听到战鼓震天响，根本不知道李世民带来了多少人马，因而吓得胆战心惊，火速把这个消息报告给了刘黑闼。刘黑闼听说自己后院起火，无暇再拦截李艺，而是第一时间率领大军赶回根据地。他这段时间内疲于奔波，累得头昏脑胀。正在这时，刘黑闼的一个部下去投降唐军了。这让刘黑闼心神涣散，顾此失彼。

刘黑闼火速赶回根据地，却在半途中遭遇了唐军的伏击。后来，李艺和李世民分别夺去了几个城池，这才在洺水会和。此时，刘黑闼决定对洺水发起总攻。后来，刘黑闼攻下了洺水，与李世民隔水对峙。李世民依然采取困守政策，除了以小股兵力骚扰刘黑闼之外，坚决不与刘黑闼正面交锋。原本神经

紧绷的刘黑闼，在对峙进行一周之后，精神松懈下来，他误以为对峙还会持续一段时间，居然摆起宴席来。正在此时，李世民命令大将率领军队逼近刘黑闼的营地，进行突袭，结果刘黑闼损兵折将，损失惨重。期间，刘黑闼也曾为了抢夺粮草偷袭过李世民的军队。得知刘黑闼粮草紧张，李世民更是派兵切断刘黑闼的粮草运输线。为了一招制胜，李世民还命人在洺水上修筑堤坝，准备在关键时刻决堤放水。

三月二十六日，李世民要与刘黑闼决一死战。在与李世民数次交战后，刘黑闼自知不是李世民的对手，因而和亲信王小胡悄悄地逃跑了。可怜那些对刘黑闼忠心耿耿的将士们，此时还在战场上浴血厮杀呢！正在此时，李世民下令决堤，刘黑闼的队伍中，有一万多人是被唐军杀死的，有几千人则是被水淹死的。

为了彻底铲除刘黑闼的势力，以免刘黑闼的余部死灰复燃，李世民决定南下，清剿刘黑闼的部下徐圆朗。正在此时，李渊召李世民回长安，李世民只好让李元吉掌管兵权。回到长安，李世民当面向李渊汇报了情况之后，就火速赶回战场。和刘黑闼相比，徐圆朗的实力很差，为此李世民一直采取主动进攻的策略，很快就从徐圆朗手中收回了十几座城池。最终，徐圆朗不敌唐军，溃败而逃，在逃亡途中被地方上的英雄志士杀死了。

截至目前为止，李唐王朝统一北方的战争终于可以宣告暂停了。然而，李渊始终心怀统一天下的梦想，所以后来又接连出兵，平定叛乱。不过，后来的战争都不是李世民指挥的，所以我们在此不再赘述。大唐王朝自建立之初，到武德七年（624年），经历了整整七年的血雨腥风，终于结束了统一战争。

第三章 明争暗斗，稳定局势

刘文静死了，兄弟之间明争暗斗

唐朝成立初期，统一的战争非常顺利，李世民平定了很多支起义军。然而，李唐统治集团内部的矛盾却越来越尖锐。大唐王朝初期，统治集团内部产生的第一次矛盾，体现为晋阳起兵的大功臣刘文静之死。

在晋阳定非常之谋，刘文静立下了首功。他与李世民的一番谈话，促使李世民下定决心起义，也正是因为如此，才有了大唐王朝。从这个意义上来说，刘文静是大唐王朝不折不扣的功臣。然而，在讨伐薛举的战争中，刘文静因为作战不利，被革职，成了一介平民。

在统一全国之后，李渊开始论功行赏。这个时候，他想起了刘文静立下非常之谋的绝大功劳，因而下了圣旨重新起用刘文静，并且让刘文静担任民部尚书的职位。这样一来，刘文静再次成为朝廷大臣。

李渊非常仰仗刘文静和裴寂，因为他们都是和自己一起开创大唐王朝的功臣，是当之无愧的开朝元老。但在唐朝建立之后，裴寂的地位却远远高于刘文静。李渊和裴寂私底下的交情非常好，而且对于裴寂的建议，李渊常常能够接纳。每次上朝的时候，李渊还会给裴寂安排座位。此外，裴寂还能随意地进出李渊的卧室。刘文静原本自称为天下第一功臣，现在却感到自己的地位远在裴寂之下，因而心中愤愤不平。

最让刘文静感到不平的是，自己因为打了败仗被革职，而裴寂在讨伐刘武周时也遭遇了惨败，丢掉了晋州以北的很多城镇，但是李渊不仅没有严厉地处罚裴寂，还好言安慰裴寂，让裴寂镇抚河东。这使得刘文静对自己的遭遇感到更加难以接受。他自认为是第一大功臣，不管是才干还是军功，都远远高于裴寂，但是他的待遇却不如裴寂。为此，刘文静每次上朝的时候总是对裴寂冷嘲热讽，渐渐地就和裴寂成了死对头。

嫉妒让刘文静变得疯狂。有一次，刘文静和弟弟一起喝酒，因为喝多了酒，居然当众拿出刀说要杀死裴寂。不想，他的一个小妾听到了这句话。因为这个小妾遭到刘文静的冷落，所以当即把这件事情告发了。虽然大家都认为刘文静不会真的杀了裴寂，只是一时酒后失言，但是李渊却认为刘文静有谋反之心，因而想要处死刘文静。

与此同此，裴寂也趁机在李渊面前进谗言，说刘文静的

坏话。李渊向来很愿意听裴寂的话，因而决定以谋反罪处死刘文静。李世民得知消息之后，赶紧向李渊为刘文静求情，但是李渊丝毫没有心软，更不理睬李世民的求情，最终还是处死了刘文静。

李渊为何一定要处死刘文静呢？其实，这绝不是因为李渊荒唐糊涂，也不是因为李渊意气用事。作为一位伟大的政治家和军事家，李渊能够成功地推翻隋朝的统治，建立大唐王朝，他一定有着自己的过人之处。作为唐朝的开国皇帝，李渊和历朝历代的很多皇帝一样，始终在严密地防范那些有功之臣。和刘文静相比，裴寂的靠山是李渊，而刘文静则与李世民交好。这个时候，李渊其实也生出了防范李世民的心，所以在李世民为刘文静求情之后，他非但没有网开一面放过刘文静，反而执意要杀死刘文静。因为杀死刘文静，就能于无形中削弱李世民的势力，从而减少李世民对太子李建成的威胁。

作为开国皇帝，李渊当然知道国家要想安定发展，就必须稳定太子之位。如果太子之位产生了动摇，那么其他的皇子就会产生非分之想，从而觊觎皇位。在这样的情况下，皇子之间必然会相互揣测，彼此争斗。正因如此，李世民为刘文静求情，非但不能使李渊放过刘文静，反而会促使李渊诛杀刘文静。李渊借助杀死刘文静的机会，警告李世民的势力集团切勿对太子之位心怀觊觎。然而，李渊却没有想到，正是因为他杀死了刘文静，所以李世民非但没有打消争夺太子之位的想法，反而加快了发展自身势力的速度。

李渊之所以坚决要诛杀刘文静，还因为刘文静与突厥一向交好。在推翻隋朝以及统一战争的过程中，李渊迫不得已对突厥称臣，这使得他感到很不乐意。但是为了能够获得突厥的支持，避免被突厥攻击，他只能这么做。刘文静对李渊与突厥的关系非常清楚，包括李渊不想为人所知的对突厥俯首称臣的这段历史。李渊杀刘文静也是为了避免刘文静有朝一日说出他与突厥之间的交易。

刘文静虽然被处死了，但是李渊期盼的兄友弟恭的局面并没有出现。武德七年，大唐王朝终于统一天下，边疆也越来越安定平稳，整个大唐王朝呈现出欣欣向荣的太平盛世景象。李渊很希望三个儿子能够和睦相处，彼此扶持，因而他特意邀请三个儿子来到宫廷里一起宴饮。

在宴会上，李渊经过观察，发现太子李建成和李元吉关系非常和睦，而李世民则很孤独，始终坐在旁边沉默不语。看到兄弟之间的亲疏如此一目了然，李渊感到非常忧心，虽然他是皇帝，但他也是父亲，他也想看到兄弟之间和谐友爱

的局面。

通过前面的讲述，我们可以知道大唐王朝在建立初期一直在和周边的多方势力进行战斗。李世民是李渊手下最骁勇善战的一员大将，随着他征战的次数越来越多，获得成功的次数也越来越多，他必然会产生野心，想要获得皇位。要知道，普天之下，皇位是最让人垂涎的东西。即便李渊很想协调三个兄弟之间的关系，让他们和谐相处，但是他们所争夺的是皇位。显然，这不是碍于兄弟之间的和睦关系就能轻易放弃的。

相比李世民的战功赫赫，李建成也曾追随父亲为大唐统一立下了很多功劳。而且，李建成性格温和，知人善任，在朝廷里起用人才时，能够充分地发挥这些人的长处，所以他在朝廷里的势力集团变得越来越大。

看到太子李建成的势力越来越强大，李世民也开始有意识地培养人才。因为骁勇善战，与将士们在战场上出生入死，所以李世民有很多忠诚的部下。除了武将之外，李世民手下也有房玄龄这样的谋士。

房玄龄是李世民的一大谋臣，深得李世民的信任和重用。房玄龄非常器重杜如晦。有一次，李渊想把杜如晦调动到外地任职，房玄龄建议李世民："如果你只想守着秦王

府，可以放走杜如晦。如果你有更远大的志向，就一定要留下杜如晦。”当时，杜如晦还名不见经传，但李世民特别信任房玄龄，他知道房玄龄给予了杜如晦这么高的评价一定是有原因的，因此他亲自去请求李渊，让杜如晦继续留在秦王府中。杜如晦处事非常果决，而且很擅长处理烦琐的军务。渐渐地，李世民对杜如晦越来越器重。在李世民的手下，房玄龄和杜如晦就是他的左膀右臂，在他登上皇位之后，他更是重用房玄龄和杜如晦。

虽然失去了刘文静，但是李世民并没有断绝当天子的念头。其实，李世民产生当天子的念头已经很久了。当年，他在平定王世充的时候，曾和长孙无忌、房玄龄一起拜访一名道士。这个道士名叫王远知。他们在拜访道士的时候隐姓埋名，但是王远知刚刚见到李世民时，就说：“我们之中有一个人是天命所归，这个人一定是秦王。”听到王远知张口就说出了自己的身份，李世民只好向道士行礼，并且承认了自己的身份。王远知叮嘱李世民一定要爱惜身体，将来登上皇位福泽天下。听到王远知的话，李世民沉默不语。

在回去的路上，长孙无忌趁此机会鼓动李世民要爱惜身体，日后登上皇位。李世民当即训斥长孙无忌说话口无遮拦，并且让长孙无忌千万不要向他人提起这件事情。这个时

候，房玄龄也对李世民说："您如果能够登上帝位，就是天命使然。"从此之后，李世民把房玄龄和长孙无忌的话牢牢地记在心里，再也不甘心当一个臣子了。

武德四年七月，李世民带领部队从东都洛阳班师回朝。他身披黄金甲，带着二十五员大将和上万匹的铁骑回到长安城，整个长安城都为之而震动。对于李世民的功绩，李渊心知肚明。他认为，自古以来，没有任何官职符合李世民对大唐做出的伟大贡献，因而给李世民加号天策上将。然而，不管官职多么高，李世民都始终是个臣子。如果他功高震主，还有可能给自己招来祸患，这样的例子历史上并不罕见。所以李世民要想保全自己，就必须登上皇帝的宝座。这个时候，李世民虽然还很年轻，却拥有远大的志向和宏伟的抱负。

如果说李世民在大唐王朝统一战争中更侧重于武力战争，那么在平定了各方的叛乱之后，他开始逐渐转向学文。他设立了文学馆，并且请了十八位学士陪伴自己读书。每当遇到一些重大的问题时，李世民就会积极地询问他们，与他们进行讨论。

在统一战争的过程中，李世民和李建成还是能够做到并肩作战的，而且都立下了赫赫战功。但是在大唐王朝建立之

后，李建成作为太子，必须辅佐李渊处理国家大事，所以他更多地留在长安，操持国务，李世民则率领大军继续南征北战，统一各方势力。这使得李世民威名远震天下，而李建成在朝廷中的势力则越来越强大。这个时候，太子李建成越来越感到惶恐不安，因为李世民的威望越来越高。李建成当然能想到李世民不愿意久居人下，所以他开始采取一些措施，想要压制李世民的势力。

正是出于这样的想法，在刘黑闼第二次起兵的时候，太子李建成主动请缨，率军出征，而曾打败过刘黑闼的李世民则没有上战场。李建成成功地平定了刘黑闼的叛乱，并且在山东结交了很多英雄豪杰，这意味着李建成开始结交地方势力，打压李世民。

李建成不仅在山东结交地方势力，还广纳人才，收罗了很多人才到自己的麾下。他还与李渊的宠妃保持着良好的关系，经常送礼物给她们，从而让她们在李渊面前吹枕边风，说李世民的坏话。后来，李建成更是与裴寂建立了亲密关系，获得了裴寂的支持。

当然，李建成并不满足于这些手段和措施，他还结交了齐王李元吉。尽管齐王李元吉的势力远远不如李世民和李建成，但是他也拥有自己的兵力，在朝廷中也有一定的势力。

他们兄弟三人在朝廷中各自拥兵自重，形成三大势力。在这种情况下，李元吉一旦与李建成合成一股势力，就会对李世民造成很严重的威胁。

在李建成平定了刘黑闼的第二次叛乱后，李元吉正式加入了李建成的阵营，这使得李世民非常担忧。他知道李建成故意接近李渊的宠妃之后，也让妻子长孙氏经常去宫中走动，把自己多年征战搜罗到的珍珠宝物等献给李渊的各位妃子。渐渐地，长孙氏与皇宫里的各位妃子之间的关系也变得非常好。得知李建成在山东结交英雄豪杰之后，他也在洛阳建立了自己的势力范围。总而言之，在各个方面，他都与李建成形成了平衡的阵势，除此之外，李世民还有意识地策反李建成身边的人。

武德六年，大唐王朝经历了建立初期最艰难的阶段，天下越来越太平了。这个时候，李世民的长处就无法发挥出来了。因为和平盛世不需要李世民带兵打仗，所以李渊派李世民驻守并州。在这个阶段，李世民与李建成之间的矛盾越来越尖锐。到了武德七年，李渊让齐王李元吉在家里设下宴席，他要带领太子和李世民一起去李元吉家里赴宴。原本，李渊是想借此机会调解兄弟三人之间的矛盾，让他们和好如初，但是李渊万万没想到，李元吉暗中安排了刺客想要夺取李世民的性命。幸好李建成发现了李元吉的举动，及时制止了李元吉对李世民下手。李元吉对李建成这么保守非常不满意。李世民得知李元吉想要杀他之心，对李建成和李元吉更加小心防范，这也使得他们兄弟三人之间的对垒更加复杂了。

主动出击，夺取政权

皇位代表着至高无上的权力，也代表着无可媲美的诱惑。正因如此，从古至今，没有人能够抵挡权力的诱惑，也没有人能够避免陷入权力斗争的漩涡之中。在权力的斗争面前，父子、兄弟之情都会变得淡漠。每个人都想方设法地追求胜利，想要拥有胜利者的流芳百世，而绞尽脑汁地避免失败，不想承受失败者身败名裂的打击。

太子李建成和秦王李世民之间的争斗正是如此。为了得到王位，他们全都绞尽脑汁、想方设法地削弱对方的力量，从每个人的身上下手，拉拢人心，增强自己的势力。对于三个儿子来说，李渊不仅是皇帝，也是父亲，因此他始终想要采取平衡的方法来解决问题，即希望儿子能够各安其所。他

之所以坚持立长子李建成为皇太子，就是为了避免其他皇子有非分之想。但与此同时，他又给予李世民很好的待遇，他知道李世民的功劳是不可抹杀的，所以为李世民提供了执政的舞台，还坚决禁止李建成妨碍李世民。不得不说，李渊的立场虽然是客观公正的，但是他的做法并不能够如愿以偿地平息兄弟之间的争斗。也许正是因为他在其中和稀泥，李世民兄弟三人的矛盾才会越来越尖锐。

从政治影响的角度来看，李建成在朝廷中的势力很大。李世民尽管在战争中树立了威望，但是根本无法与太子李建成对抗。毕竟李建成是大唐王朝的皇太子，是皇上指定的继承人。李建成虽然对李世民有所忌惮，但是他也知道只要把李世民留在京城内，那么李世民就无法发挥他骁勇善战的优势，只是一个很普通的人罢了。得知李建成对自己如此轻视，李世民非常愤怒。但是，他知道李建成说的是实情。面对这样的局面，李世民的幕僚们全都惊恐不安。房玄龄更是几次三番建议李世民要主动发起政变，否则就会非常被动，身陷危险之中。但是李世民很清楚，想要真正地发起政变，是非常困难的。

在李世民的很多幕僚之中，诸如房玄龄、长孙无忌和杜如晦等人，与李世民都非常亲近，所以他们都希望李世民能

够登上皇位。否则，一旦李建成登上皇位，就一定会报复他们，甚至要了他们的性命。和他们这三个人与李世民之间的关系相比，其他幕僚与李世民的关系则保持着不远不近的状态，也就是说，不管是李世民当皇帝，还是李建成当皇帝，他们的仕途都不会有太大的波动，这使得房玄龄等人更加着急地促使李世民先发制人。

正在这个时候，李世民找到了一个弹劾李建成的绝佳机会。原来，李建成给杨文干运送盔甲，被人给抓住了把柄。其实，李建成并非有谋反之意，而是想借此机会壮大自己的势力，将来好与李世民对抗。但是，这件事情一旦东窗事发。就会就被人判定为叛变。李渊得知消息之后非常紧张，马上要求李世民去平定叛乱，并且允诺等到李世民平定叛乱之后，他就会立李世民为太子。然而，在李世民平定了叛乱之后，李元吉和李渊的嫔妃都纷纷为李建成说情，这使得李渊改变了主意，要求李建成回到京师，继续当太子。无疑，李渊的出尔反尔使李世民感到彻底失望。

就在此时，突厥又开始入侵并州。李渊建立大唐王朝之后，突厥虽然屡次进攻并州，但是从来没有这么大的规模，也没有动用过这么多的兵力。李渊得知消息后非常震惊，赶紧命令边防战士们严防死守，而且要求长安城进入战争状

态，随时准备与突厥决一死战。与此同时，他还让裴寂负责动员百姓，让百姓全都行动起来，一起保卫长安。朝廷中，很多大臣议论纷纷，有些大臣建议舍弃长安，迁到江南定都，也有些大臣建议再次出战。大臣们的话，也让李渊更加没有了主意。

李渊没有必胜的把握迎战突厥，只好让裴寂准备迁都的事。得知李渊要迁都的消息之后，李世民马上进朝面见李渊，极力劝说李渊不要轻易迁都。他向李渊保证，说自己只要花费几年的时间，就能全面击退突厥，生擒贼王。李世民慷慨陈词，李渊听了李世民的话之后，不由得信心大增。他由衷地感慨道："每当国家遭遇危难的时候，你总是能够为朕为国分忧。大唐有你，何其之幸！"

李渊当即下诏，派李世民和李元吉一起出兵对抗突厥，并且严禁大臣们再说起迁都的事情。李世民和李元吉刚刚率领大军到达前线，就遭遇了连日阴雨。颉利可汗不知道李世民的虚实，因而短期内不敢轻举妄动。但是唐军所处的地势比较低，雨水汇集在一处，将士们都怨声载道。因为担心长期驻扎在当地按兵不动，会影响士气，李世民决定学习汉朝飞骑将军李广百骑击退匈奴的事例，派尉迟敬德率领一百多骑兵去激怒颉利可汗。尉迟敬德率领百骑来到颉利可汗帐

前，李世民则率领亲信紧跟在尉迟敬德后面。颉利可汗和二可汗突利听到尉迟敬德的叫骂声，当即来到帐前查看情况。看到颉利可汗，李世民当即大声怒骂，想要激怒颉利可汗。颉利可汗猜想到李世民是在使用激将之法，所以要求李世民率领大军前来再开战。李世民可不吃颉利可汗那一套，他突然转身对二可汗突利说道："突利可汗，请借一步说话！"就这样，突利可汗和李世民在一旁嘀嘀咕咕说了很长时间。

李世民并没有说什么重要的事情，只是在说颉利可汗不值得突利可汗为他卖命，希望突利可汗能够看清楚形式。因为说了很长时间，颉利可汗感到非常纳闷，但他因为相隔甚远，又听不见李世民和突利可汗在说什么，还以为突利可汗和李世民之间在说些见不得人的话呢！发生了这件事情之后，颉利可汗和突利可汗之间产生了隔阂，他们互相猜忌，突厥军队内部大乱。情势突然变化，他们无法继续进攻唐朝，两位可汗只好率领大军回到漠北。就这样，李世民以离间计化解了突厥入侵的危机。立了此次大功，李世民再次信心大振，但是他心知肚明，即使自己的战功再怎么显赫，也无法真正地战胜东宫。

武德九年，突厥再次派兵入侵大唐王朝。这一次，李渊没有和以往一样派李世民统率大军对抗突厥，而是采纳了太

子李建成的建议，派齐王李元吉和李艺带领大军北上对抗突厥。李建成为何要让李元吉出征对抗突厥呢？这是因为李建成不想再让李世民在军中发展势力，不想让李世民再在军中树立威信。然而，李元吉的作战经验很少，而且他并不像李世民那样具有军事才能。这个时候，李建成又建议李渊从秦王府中抽调一些人辅佐李元吉。原本，李建成是想打压李世民的，现在为何处处都把李世民的人捧在前面呢？其实，这是因为李建成和李元吉事先已经商量好，要以这样的方式削弱李世民的势力，这样才能伺机对李世民下手，夺取李世民的性命。

李建成和李元吉万万没想到的是，李世民得知这个消息之后，当即意识到自己再也不能犹豫不决了，否则在这生死存亡的关头就会错失良机。然而，李世民一想到手足相残是很让人唾弃的，就又动摇了。他想等到李建成动手之后再进行反击。这个时候，尉迟敬德站起来大声地对李世民说："我们以性命来辅佐你，现在天意如此，大祸即将临头，您却依然迟疑不定。这样不仅会要了您的性命，也会让我们束手待毙。"长孙无忌向来非常尊敬李世民，现在也严肃地对李世民说："您必须听从尉迟敬德的劝告，否则秦王府必然会毁灭，我将会和尉迟敬德一起离开您的身边。"

在尉迟敬德和长孙无忌的劝说之下，再加上其他的幕僚们都纷纷劝说李世民，李世民终于下定决心，要占据有利的时机先发制人。就这样，他把房玄龄和杜如晦两位心腹召回秦王府共商大计。在此之前，房玄龄和杜如晦已经被调离秦王府了。现在，他们终于等到李世民要起兵的好消息，当即就回到秦王府，和李世民密谋起兵的事宜。经过一番商讨之后，李世民等人决定在玄武门外设置埋伏，刺杀李建成和李元吉。

在长安城里，玄武门的地理位置非常重要。它是长安宫城的北门，位于宫廷卫军的中枢位置，工事坚固，兵力雄厚，可谓一夫当关，万夫莫开。李世民知道只要控制了玄武门，就相当于控制了整个皇宫，也相当于控制了整个长安。所以他早早地就收买了负责守卫玄武门的将领常何。常何虽然是李建成的旧将，却已经成为李世民安插在李建成内部的棋子。此外，李世民还通过常何收买了玄武门的其他将领。当时，李世民并没有想到自己有朝一日会在玄武门刺杀李建成和李元吉，然而，他所做的一切恰恰为这次起兵起到了决定性的作用。

在准备好这一切之后，李世民向李渊上了密奏，说明了自己和李建成、李元吉之间糟糕的关系，也表达了自己懊恼苦闷的情绪。李渊看到李世民的密奏之后，感到非常疑惑不解，因而下令让李元吉、李建成进宫解释。在见到李世民三兄弟之前，李渊还与诸位大臣商议了李世民密奏这一事件。大臣们都知道李世民、李建成、李元吉兄弟三人之间始终都在闹矛盾，但并不认为这件事情有多么严重。他们万万没有想到，此时此刻李世民已经在玄武门布置好了兵马，只等着李元吉和李建成到来。

李渊最为宠爱的妃子是李建成的忠实支持者。这个妃子在玄武门内布置了眼线，所以很快就知道了李世民在玄武门正在搞动作的事情。她大吃一惊，赶紧派人把这件事情告知李建成，李建成得知消息之后，和李元吉商量对策。李元吉认为应该找一个理由拒绝进宫面见皇帝，然后率军静观形势的变化随时应对。但是李建成却盲目自信，他认为自己贵为太子，李世民是不敢轻易刺杀他的。所以，李建成决定和李元吉一起进宫去面见皇帝说明情况，因而他没有采取任何防范措施，就和李元吉一起进宫了。在走到临湖殿的时候，他们意识到情况不妙，赶紧调转马头奔向东宫。看到李元吉和李建成如此警惕，李世民和他的大将们毫不犹豫地紧追其后。李元吉向来大胆，他在疾驰奔逃的过程中，还向李世民射了一箭。这个时候，李世民距离他们越来越近，一箭就射

死了李建成，李元吉也被其他骑兵乱箭射伤，后来又被尉迟敬德一箭射死。

得知玄武门事变的消息，李建成和李元吉的手下赶紧赶到玄武门，与李世民的将士们在一起厮杀。这个时候。李世民已经率领将士们攻占了玄武门，看到始终攻不下玄武门，东宫的将士们都感到很气馁。有人提议杀入秦王府。秦王府虽然有人防守，但是人数并不多，一旦东宫的将士攻入秦王府，那么李世民的秦王府就会失守，整个局面也就会发生彻底的改变。在千钧一发的危急时刻，尉迟敬德灵机一动，把李建成和李元吉的首级挂到了城墙上。东宫的人看到李建成和李元吉已经人头落地了，马上就溃散而逃，再也没有人去攻打秦王府了。

战争很快结束，李世民赶紧派尉迟敬德进宫向李渊汇报情况。李渊得知李建成和李元吉已经人头落地，赶紧询问各位大臣此事应该如何处理。大臣看到太子已经命丧黄泉，全都为秦王李世民说话，并且建议李渊立李世民为太子，尽快地平息这件事情。李渊看到事已至此，只好同意立李世民为太子，并且让李世民掌管京城的军队。就这样，玄武门之变尘埃落定，李世民顺利地被封为太子，距离登上皇位已不远了。

高祖让位，厚葬手足

虽然李渊向来坚持要立嫡以长，但是事情的发展完全出乎他的意料，玄武门兄弟厮杀、殊死搏斗的事情让他只能改变初心，立李世民为太子。现在，李世民已经掌管了京城中的军队，不管李渊是否愿意，他都要把政权交给李世民。过了一段时间，李渊向大臣们提出自己想要早些退位。很快，他就诏令天下传位于太子李世民。从此之后，李世民登上了皇位，励精图治，开创了中国历史上的贞观之治。

当年，秦始皇统一六国，但却没有安排好皇位继承的问题，皇子们之间互相争斗，最终宫廷内部发生了极大的混乱。和秦始皇一样，李渊也没有解决好皇位继承的问题，才导致了兄弟手足相残和玄武门的流血事件。他既坚持立李建成为太子，又感念李世民对大唐王朝的劳苦功高。他绞尽脑汁地让三个儿子各安其位，结果三个儿子之间的矛盾越来越尖锐，冲突越来越激烈。直到玄武门的流血事件之后，他才意识到当断不断，反受其乱的道理。幸运的是，李渊没有一意孤行，及时地立了李世民为太子，后来还及时退位，不再干预朝政，于是稳固了朝局，也避免了发生新的矛盾和冲突。年纪轻轻的李世民登上皇位之

后，非常勤勉，带领大唐王朝繁荣发展，使得大唐王朝成为历史长河中一颗璀璨的星星。

虽然太子李建成和齐王李元吉都已经人头落地了，但东宫依然残留着一些势力，在全国各地也还有不安定因素，正在对朝廷虎视眈眈。刚开始的时候，李世民采取高压政策，想要镇压东宫和齐王府中的残余势力，他甚至下令杀掉李建成和李元吉所有的儿子。在李世民的势力集团中，也有些下属建议杀死李元吉和李建成的幕僚。这时，尉迟敬德坚决反对李世民采取这样的株连政策，他希望李世民能够以安定为最高目标，不要牵连过广。李世民从谏如流，当即醒悟过来不能大开杀戒。

李世民深知，要想获得成功，就必须拥有人才，所以他任人唯贤，不强调人的出身和地位，而是强调人要有才华。他采纳了尉迟敬德的建议，对李建成和李元吉的残余势力采取宽大政策，不再追究他们追随李建成和李元吉的罪责。这样的宽大政策让李世民极大地收拢了人心。原本，李建成和李元吉的残余势力都对李世民怀恨在心，现在，他们却都很感念李世民的胸怀。在此过程中，东宫和齐王府的很多有识之士都投靠了李世民，成为李世民忠心耿耿的追随者。

起初，在得知李建成在山东、河北等地结交当地势力，

发展势力范围时，李世民也在洛阳发展了自己的势力。考虑到地方势力的稳定，李世民当即派人去山东、河北等地安抚民心。李世民为何这么重视山东呢？因为山东非常特殊，会影响大唐的政治与经济发展。

李世民派出的安抚大臣是魏徵。接到任务后，魏徵当即带着圣旨从长安出发，一路上安抚各地的民众。他坚定不移地执行李世民宽大为怀的政策，取得非常好的效果。有一些地方官员并没有真正理解李世民宽大政策的内涵，非但没有执行李世民的宽大政策，反而对东宫和齐王府的残余势力采取大力打压的政策，想要借此机会向李世民邀功。李世民当即下令："如果有人胆敢违反宽容政策，就要严厉处置"，地方官员这才有所收敛。

武德九年八月，李世民正式登上皇位，史称唐太宗。因为采取宽大政策，唐太宗在山东、河北等地，不但安抚了局面，还得到了当地人的接纳。最终，全国的政治局面越来越稳。

虽然为了争夺王位，人们都绞尽脑汁想要削弱对方的势力，让自己获胜，但是杀死自己的亲兄弟毕竟是会遭到谴责的。所以唐太宗即位之后，下令厚葬李建成和李元吉，并且亲自扶棺送葬，痛哭失声，表达自己的伤痛。除此之外，李

世民对于东宫和齐王府的人都采取开明政策。东宫和齐王府的人渐渐消除了对唐太宗的对抗情绪。这个时候，唐太宗还委任东宫和齐王府中的贤才，从而拥有了更多的人才，为开创贞观盛世奠定了坚实的人才基础。

改组朝廷，改革官制，静民重农

唐太宗登上王位之后，亟须整顿最高决策集团。这是因为当时的决策机构已经不能顺应形势，只有及时调整，才能促进唐朝的发展。要想进行调整和改组，唐太宗就要罢免很多老臣。首先，他罢免了裴寂。对待裴寂，唐太宗给予了很优厚的待遇，但是他却剥夺了裴寂的实权，使得裴寂不能继续参与政事。后来，因为抓住了裴寂与法雅往来的证据，唐太宗决定处死裴寂。但虽然证据确凿，他最终还是免裴寂一死，而是把裴寂发配到了边地，从而使得裴寂和当朝的大臣都心服口服。李世民不仅对李渊时期的老臣进行罢免，对于追随自己、对自己忠心耿耿的人，唐太宗也会罢免。他罢免这些人只有一个原因，那就是他们的思想因循守旧，不能做到与时俱进，对朝廷和国家的发展不利。唐太宗虽然罢免了

这些旧臣的职务，但是并没有削减他们的待遇。例如，他经常会慰问对自己忠心追随的陈叔达，在宇文士及患了重病的时候还亲自去看望等。在此过程中，唐太宗提拔了很多优秀的人才，把他们分配到重要的岗位上，其中就有他从东宫争取过来的人才。唐太宗任人唯贤，他并不因为这些人曾经效忠东宫，就对他们冷眼看待，反而会对他们委以重任。

唐太宗历时几年终于完成了对唐朝最高决策层的改组，唐朝呈现出焕然一新的局面。在完成了对朝廷官员的改组后，唐太宗又开始改革官制。中国封建社会经历了几百年的动乱时期，从来没有真正实现繁荣。唐太宗深刻总结了隋朝灭亡的经验，认识到如果君主昏庸，政治体制不完善，那么朝代必然会很快灭亡。为了顺应社会发展的需要，唐太宗制定了改革的方针。

首先，他沿用魏晋时期形成的三省制度，并且对三省制度进行了改革。其次，他还改革了各地的郡县。因为旧的郡县设置很不利于朝廷的统治。最后，他还根据山川的形势对全国进行划分，把全国分为十道，这就使得朝廷对地方的控制更加严密。

当然，唐太宗深知国家的根本是人口。一个国家即使非常富裕，如果没有足够的人口，财富就不能发挥最大的效用。在一个国家里，人民要想安居乐业，就一定要有充足的粮食，国家要想稳定安宁，就一定要有强大的兵力。当然，在民、粮和兵之中，兵是变动性很大的一个因素，有可能使国家安定，也有可能使国家动荡不安。为此，唐太宗很认真地思考如何才能处理好民、粮和兵之间的关系。

唐太宗在即位之初就明确了自己治国的政治思想，那就是“国家未安，百姓未抚，且当静以抚之”。他采取了很多措施安民静农，促进农业生产。他还鼓励生育，试图以这种方法增加人口。除了增加人口出生率之外，唐太宗还鼓励外来人口返乡，并且花重金购买人口，这使得唐朝的人口大幅增加。

此外，唐太宗还鼓励和尚和尼姑还俗，积极嫁娶，这也使国家的劳动人口数量大幅提升。在分配土地资源这一方面，他则按照人口数量分配土地，这样一来，土豪劣绅就没有办法对土地进行垄断了。那些四处迁移的农民有了田地可以耕种，从而能够生存下去，这就是历史上赫赫有名的均田令。

因为实施了均田令，很多闲置的土地得到了开垦，得到了精心的种植，人均种植土地的面积越来越多。在安居乐

业的情况下，人口的数量也快速增长。除了重视农业生产之外，唐太宗还很重视屯田工作。所谓屯田，就是让军队里的士兵或者农民耕种荒废的田地，从而保证军队获得足够的供养，农民也能够给国家上交充足的赋税。这个政策并非唐朝首创，但是在唐太宗在位的贞观年间，这个政策实行得很好。因为人口政策和均田令都得到了大力推广，老百姓的衣食问题很快就得到了解决，唐朝的赋税也得到了充分保证。

唐太宗目睹了隋朝的灭亡。他也知道唐朝在建立之初连年征战，在物质方面捉襟见肘，而且国库也很空虚。国家要想正常运转，要想发展兴旺，就必须有很多粮食和财物作为支撑。为此，他想要为老百姓减免租赋，但是所能减免的赋税却是有限的。即便如此，唐太宗依然以身作则，对自己严格要求，在减少徭役和赋税方面起到了很好的带头作用。

要促进生产，就要讲究农时。唐太宗非常讲究时令，他知道农业生产只要过了时令，就必须等到次年才能再次开展，所以他强调必须以农时为主，其他一切事情都要为农时让步，这样才能稳步发展。

兴办学校，健全科举

贞观之治之所以拥有坚实的物质基础，就是因为唐太宗在即位之初就开始推行静民重农的政策。除此之外，唐太宗还非常重视培养人才。贞观元年，唐太宗下令让国子学独立出来，成为国子监，由此推行了健全的教育制度。为了让学校的影响力越来越大，唐太宗还任命很多名儒士在学校里担任学官，进行教书育人的工作。

教育的水平提高了，整个社会形成了良好的风气，唐太宗又开始推举科举制度。在中国的人才选拔与考试制度中，科举制度由来已久，源远流长。然而，在唐朝之前，科举制度主要是依靠血缘关系和在战场上的功劳来选拔人才的，并没有形成固定的制度，具有很大的随意性和主观性。

唐太宗在位时，一边兴办学业，一边根据前朝的经验推行科举制度，从而实现网罗天下人才的目的。科举制度真正登上历史舞台，是从隋文帝和隋炀帝在位时开始的。唐朝在隋朝的基础上，对科举制度加以改革，使科举制度变得越来越完善，所以科举制度才能得到发展，流传下来。

从今天的角度来说，虽然科举制度有一些弊端，但是这种选拔人才的机制相对公平。对于广大的读书人而言，他们

终于可以通过读书来改变自己的命运，所以很多读书人都把在科举考试中胜出，作为自己的奋斗目标。有一些读书人尽管出身贫寒，却通过科举而担任高官。也可以说，科举制度从根本上改变了从魏晋以来贵族垄断国家选拔人才的传统，普通老百姓和寒门的学子们也有机会进入朝廷里担任重要的官职。

在坚持推行科举制度的情况下，很多出身中下层的读书人终于进入了朝廷之中，担任重要的官职。隋朝之前，社会上形成的上品无寒门和下品无士族的局面，被科举制度彻底打破了。很多人都追求科举出身，很多官员也以自己是科举出身而感到骄傲。

唐太宗不拘一格任用人才，让更多的人才有了施展的舞台，也让贞观年间人才辈出，国力越来越强盛。

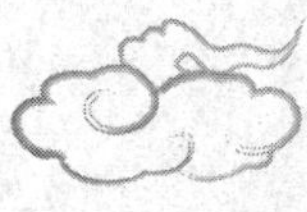

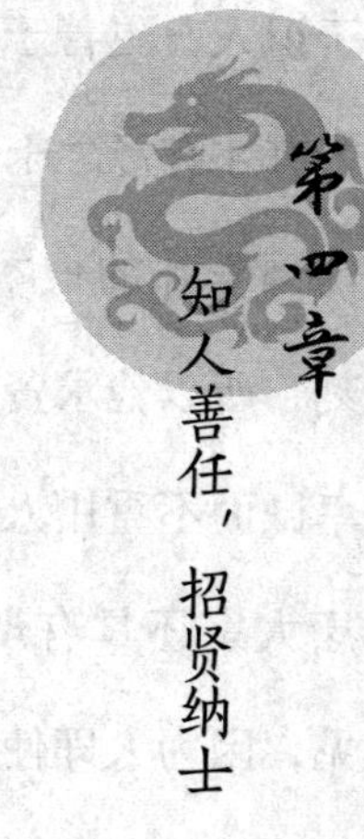

第四章 知人善任，招贤纳士

任人唯贤，君臣同心

唐太宗是一代明君，他最独特的地方在于用人观。他不仅善于识人，更善于用人。正因如此，他才能为大唐王朝招揽很多有才有贤之士，开创了贞观之治的盛世局面。

治国安邦的根本就在于广纳人才，唐太宗对此认识非常深刻，所以他求贤若渴。在招揽人才的时候，他不因为人才的卑微而不重用人才，而是非常尊重人才。在运用人才方面，唐太宗还具有辩证主义的思想，他认为一个人不能固执己见，因为人即使思虑再周全，也有可考虑不到的地方。他还认为，一个人不能对他人言听计从，哪怕众人所说的话都是一样的，也有可能非常片面，所以他主张要全面认知问题。他深知金无足赤、人无完人的道理，在用人的过程中，他能够发挥人才的所长，避开人才的所短。例如，对于身边的杜如晦和房玄龄，他很清楚地知道，这两位人才不善于处理繁杂的事务，而善于谋断。所以唐太宗给予了他们广阔的舞台，让他们发挥谋断的能力，使得他们能够扬长避短，在朝廷中做出更大的贡献。

唐太宗不仅广纳贤才，在运用人才的过程中，他还始终坚持考察，加深对人才的了解。具体来说，唐太宗采取了如下的措施：第一个措施是士庶并举；第二个措施是官民同申；第三个措施是新故同进；第四个措施是汉夷并用。

在这几项措施中，汉夷并用的效果是最为显著的。有史以来，帝王都重视汉族而轻视夷人，对于汉族人才加以重用，而对于其他民族的人才加以贬低。唐太宗完全推翻了这样的用人思想，他不仅非常重视汉族的人才，而且也很重视其他民族的人才。根据人才的不同能力，他将他们任命为朝廷命官或者地方官员，这使不同的人才得到了发挥才能的舞台，也有效地加深了多民族的融合。

正因为唐太宗有这样的用人观念，所以在唐朝贞观时期，朝廷里人才济济，有很多知名贤士。他们在贞观之治中贡献出了自己的力量，也推动了国家的发展。唐太宗作为历史上罕见的文武双全的皇帝，不但功勋卓越，而且非常富有文采。他强调君臣同心，齐心合力治理国家，而不像历史上同样文武双全的商纣王和隋炀帝那样刚愎自用，固执己见。正因如此，唐太宗才能够发挥更强大的力量治国安邦。

关于如何治理天下的问题，唐太宗并不一意孤行，他

经常与大臣们针对治国安邦的事宜进行讨论。因为唐太宗从谏如流，所以大臣们在向唐太宗进谏时，往往能够直截了当、毫不掩饰，也因此，唐太宗与大臣们之间的讨论是非常激烈的。

唐太宗始终认为，只靠君主一个人是无法治理好国家的，必须结合大臣们的力量，集思广益，博取众家之长，才能在治理国家方面有更为显著的效果。因为唐太宗非常重视与大臣之间的合作，也主张君臣之间必须同心协力，所以他提出大臣对君主必须极言无隐。什么是极言无隐呢？它的意思就是大臣们对君主要知无不言，言无不尽，不要因为任何原因而对君主有所隐瞒。

当然，唐太宗也会虚心接受大臣们的有益建议，争取做到君臣合力治理国家。有一次，宰相房玄龄询问少府监窦素德最近在忙些什么事情。窦素德正在忙着宫里的项目，因而并没有向房玄龄汇报自己正在忙碌的项目。他还认为房玄龄无权干涉这件事情，后来在面见唐太宗的时候，就把这件事情告诉了唐太宗。唐太宗认为房玄龄管得太宽了，虽然房玄龄是宰相，但是只要管好朝廷里的大事就好，不需要管宫里的事情。为此，唐太宗把房玄龄叫到面前狠狠地训斥了一顿。房玄龄看到唐太宗勃然大怒，吓得不敢为自己辩解，只能不停地磕头谢罪。

大名鼎鼎的谏臣魏徵得知这件事情之后，当即就面见唐太宗，对唐太宗说：“陛下始终主张君臣同治，房玄龄是当朝宰相，主要负责辅佐陛下处理一些事情。在这种情况下，他当然有权力知道朝廷里发生的所有事情，也包括宫里的事情。虽然窦素德正在做的工程是属于宫里的，但是房玄龄也是有权力了解的。房玄龄做的没有错，您却对房玄龄大加呵斥，还要治他的罪，这样一来，其他的大臣又如何敢真正地坚持君臣同治呢？”

听了魏徵的一番话，唐太宗认识到自己的确不应该怒斥房玄龄，也意识到这样的做法根本不符合他平日里的主张。后来，唐太宗真诚地向房玄龄表达了歉意，也让其他的大臣知道他是真正主张君臣合治的，更让大家看到了他知错能改的态度。正因为如此，唐太宗君臣合治的思想才能得以贯彻和执行。

极言无隐，广开言路

在唐太宗之前，历朝历代的皇帝中，从来没有任何皇帝

能像唐太宗这样积极纳谏。正是因为唐太宗兼听纳下，所以大唐王朝才能形成谏诤之风。在大唐王朝建立之初，唐太宗对待朝廷的政务非常勤勉谨慎，每天废寝忘食地处理朝政。有一次，他问魏徵：“君主怎样做才叫明辨是非，怎样做才叫昏庸糊涂呢？”魏徵告诉唐太宗：“兼听则明，偏信则暗”。唐太宗非常赞成魏徵的这种说法，也很清楚自己并非无所不能的神，处理任何问题都未必能够做到面面俱到，所以他善于纳谏，坚持纳谏。

在唐朝时期，朝廷中设立了一个独特的官职—谏议大夫。顾名思义，谏议大夫的主要职责就是为皇帝提出各种意见。仅从表面来看，这个职务仿佛无关紧要，但是对于真正贤明的君主而言，这个职位却是至关重要的。因为一个贤明的君主必须时刻倾听大臣们提出的各种意见和建议，才能实现治理天下的伟大目标。唐太宗在经过反复斟酌之后，认为朝廷中虽然有众多大臣，但是只有魏徵才是最适合担任谏议大夫的。正是因为唐太宗做出了如此英明的决策，也因为魏徵始终忠于职守，不怕得罪皇帝，敢于向皇帝直言进谏，所以唐朝的贞观盛世才能得以实现。

在其他朝代里，也有很多大臣像魏徵这样冒死向皇帝进谏，但是皇帝轻则对他们置之不理，重则治他们的罪。这

使得大臣们很少敢在皇帝面前进谏。唐朝的谏议大夫之所以能够名垂千古，最根本的原因还是唐太宗虚心求谏。他很清楚，要想让大臣们直言进谏，就必须多多鼓励进谏的大臣，给予那些提出意见的大臣奖励，这样才能让其他大臣没有后顾之忧，也更为积极地进谏。

当然，并非每个大臣提出的建议都能够被采纳。面对那些提出的建议并不合理的大臣们，唐太宗从来不会过于刁难，更不会惩罚，而是让他们有则改之，无则加勉。他有着虚怀若谷的气度，所以才能够维持积极进谏的良好氛围。很多人认为，唐太宗之所以虚心纳谏，是为了让唐朝能够长治久安，让自己能够更久地坐在皇帝的位置上，也有人认为唐太宗只是在治国安邦的大事上才能接纳大臣的建议。实际上，唐太宗之所以能够达到如此的境界，是因为他本身就是一个虚怀若谷、从谏如流的人。他不仅能够在朝政中做到虚心听取意见，即使是在个人生活中，他也能够积极地采纳大臣的建议。

在唐太宗广开言路、积极纳谏的前提之下，大唐王朝的大臣们都愿意表达自己的意见。他们讨论的事情覆盖了广泛的社会生活，揭露并解决了各种各样的问题，使得整个国家呈现出盛世清明的景象。老百姓不管有什么呼声，都能够

反映给唐太宗，这就使唐太宗在治理国家的时候更加有的放矢。又因为唐太宗采取了多项开明的政策，建立在废墟之上的唐朝经济复苏过来，渐渐呈现出盛世的景象。

帝王掌握着全天下人的生杀大权，那些陪伴在帝王身边的大臣们更是伴君如伴虎，因此他们为了保全自己的性命，或者为了得到更高的职位、更丰厚的俸禄，每时每刻都在揣摩帝王的心思，观察帝王的脸色，一心一意只想迎合帝王的喜怒哀乐。他们很清楚自己在帝王面前只要一不留神就有可能丢掉性命，正因如此，历朝历代的大臣们才会谨言慎行，从来不敢在皇帝面前畅所欲言。唐太宗虽然天生威严，但是他却和颜悦色，有的时候还会主动找大臣们交谈，了解民情。渐渐地，他赢得了大臣们的信任，大臣们在看到他的时候不觉得畏惧，也就更愿意向他诉说心声了。

作为高高在上的君主，唐太宗并不一手遮天。他很清楚自己必须与大臣们建立良好的关系，才能保住大唐江山。他知道老百姓是水，君主是舟，水能载舟，亦能覆舟。作为帝王，只有与大臣和老百姓们亲密地交往，融洽地相处，才能让整个国家都欣欣向荣。

人才济济，共处一堂

贞观年间，朝廷之中人才济济。除了前文所说的有谋定之功的刘文静，以及作为唐太宗左膀右臂的房玄龄和杜如晦之外，谏臣魏徵在历史上也赫赫有名。他得到了唐太宗的重用，在唐太宗治理国家的过程中起到了至关重要的作用。

魏徵性格爽直，富有才华。他殚精竭虑地辅佐唐太宗。在担任谏议大夫的职务之后，他对唐太宗更是知无不言，言无不尽。有的时候，因为在思想观念方面与魏徵有分歧，唐太宗也会感到非常愤怒，恨不得责罚魏徵。但是，魏徵从来不会屈服于唐太宗的皇帝权威，他总是非常诚恳地向唐太宗提出建议，哪怕唐太宗暂时不能接受，他也不屈不挠，继续苦口婆心地说服唐太宗。最终，唐太宗对于魏徵的意见总是能够积极地采纳。可以说，在历史上，唐太宗与魏徵这样的君臣关系是极为罕见的。

贞观初年，魏徵刚刚升任尚书右丞就被人诬告结党营私。李世民当即任命御史大夫温彦博调查这件事情。温彦博尽职尽责，最终发现魏徵是被诬陷的，不过温彦博也向唐太宗提出，最好能够要求魏徵随时报告自己的行踪，否则魏徵经常行迹不明，小人就会抓住机会诽谤魏徵。唐太宗认为温彦博说得很有道理，因而特意要求魏徵以后要随时报告自己的行踪。魏徵得知消息之后，当即进宫面见唐太宗，对唐太宗说："我想当良臣，而不想当忠臣。"

唐太宗不明白良臣与忠臣有何区别，魏徵对唐太宗说："良臣不但可以让自己青史留名，而且能够辅佐君王治理好国家。忠臣尽管对皇帝忠心耿耿，但却身受诛灭，君王也会因此而受到牵连，甚至国运也会因此而沦丧。"在魏徵的一番解释之下，唐太宗深以为然，还给了魏徵重赏。

后来，魏徵升任秘书监。他发现朝廷里的各种典章书籍非常混乱，因而当即开始着手整理。在整个贞观年间，魏徵为国家贡献出了巨大的力量。魏徵作为谏议大夫，从来没有私心，他进谏都是以国家的利益为出发点的。哪怕唐太宗对于他的进谏勃然大怒，他也决不后退，决不妥协。

唐朝规定年满十八岁的男子必须服兵役，为此，很多老百姓都谎报年龄，这样就可以逃避服兵役。有一次，一个大臣建议唐太宗："老百姓谎报年龄，不想服兵役，所以服兵役的人很少。我建议只要身高达到一定的标准，即使没有年满十八岁的男性，也应该应召入伍，保家卫国。"唐太宗认为这的确是一个好办法。但是，魏徵却扣留了唐太宗的诏书，不愿意下发。看到魏徵做出这样的举动，唐太宗勃然

大怒，然而魏徵并没有因为唐太宗怒火中烧就表示顺从，他不卑不亢地向唐太宗解释道："如果涸泽而渔，焚林而猎，那么来年就无鱼可捕，无兽可猎。有一些孩子身体发育比较好，他们虽然身强力壮，但是并没有满十八岁。如果把他们都拉去服兵役，那么我们的队伍就会越来越空虚，也没有人愿意负担国家的徭役。"魏徵的一番话有理有据，唐太宗顿时无话可说，不知道应该怎样辩驳，但是他并没有真正地接受魏徵的想法。

后来，魏徵又从信用的角度出发，解释了他为何不发诏书。他说："陛下的诏书写着男子必须年满十八岁才需要服兵役，现在却又要求未满十八岁的男子也要服兵役，这样岂不是在老百姓面前失去信用吗？"唐太宗当即意识到自己的错误，重新下了诏书，因为这件事情，他更加信任魏徵，提升魏徵为太子太师。

当然，唐太宗与魏徵的相处并非总是很愉快的。唐太宗贵为一国的君主，有的时候会被魏徵的直言进谏冒犯，觉得丢了颜面。有一次，唐太宗退朝之后回到后宫，勃然大怒地喊道："我要杀了这个可恶的家伙，他简直不知天高地厚。早晚有一天，我必须让他瞧瞧我的厉害！"长孙皇后看到唐太宗气得失去理智，赶紧追问到底发生了什么

事情。唐太宗说："魏徵总是当众顶撞我，他简直太可恶了！我必须严厉惩罚他。"长孙皇后听到唐太宗这么说之后，当即向唐太宗告退。过了一会儿，她穿着上朝的礼服向唐太宗道贺，唐太宗感到莫名其妙，因为他不知道长孙皇后为何道贺。长孙皇后说："我听说只有君主非常圣明，臣子才敢向君主进谏。今天，魏徵敢当着大臣的面直言进谏，恰恰说明陛下您是明君呀！所以我要祝贺陛下圣明，也祝贺陛下有这样的大臣，这是陛下的福气，也是大唐王朝的福气！"长孙皇后的一番话说得唐太宗转怒为喜，他终于消气了。

当然，魏徵也并非总是向唐太宗直言进谏。有的时候，他也会采取迂回曲折的办法给唐太宗提醒。有一次，魏徵来到宫里觐见唐太宗，唐太宗正在逗弄一只小鸟。得知魏徵来了，唐太宗感到有些惊慌，因为他怕魏徵看到他在玩鸟而指责他。他赶紧把小鸟放入怀里藏起来，想等到魏徵走了之后，再拿出来继续玩。其实，魏徵早就看见了唐太宗的举动，但是他假装没有看见，开始向唐太宗汇报朝政。魏徵汇报朝政花费了很长时间，好不容易才离开，唐太宗赶紧拿出小鸟一看，却发现小鸟已经闷死了。从此之后，唐太宗再也不玩鸟了。其实，魏徵是通过故意拖延时间的方式劝谏唐太

宗不能玩物丧志。

朝廷中的大臣们并非都像魏徵一样毫无私心，以国家为重。有些大臣认识到唐太宗从谏如流之后，就故意钻空子，借着向唐太宗进谏之名，实则向唐太宗进谗言。唐太宗偶尔会被他们蒙蔽。为此，朝廷内外都感到非常惶恐。魏徵看到这种现象，当即上书给唐太宗，指出那些人的别有用心，还指责唐太宗用人不当。唐太宗了解了那些奸臣的用心，当即接受了魏徵的意见，严肃处理了那些奸臣。

到了贞观中后期，大唐王朝越来越稳定。唐太宗把国家治理得繁荣昌盛，很多大臣都联名上书，让唐太宗到泰山封禅。这个时候，唐太宗也有些沾沾自喜，想要进行封禅仪式。魏徵得知消息后，犯颜进谏，坚决反对唐太宗去泰山封禅。在魏徵的极力劝说下，唐太宗才打消了封禅的想法。

因为有这样直言进谏的魏徵，唐太宗才能在走偏的时候及时地回到正轨上来。后来，魏徵身患重病，唐太宗感到非常伤心，不但亲自去探望魏徵，而且在魏徵去世后亲自前去吊唁。他曾经在上朝的时候，对满朝文武百官说："以铜为镜，可以正衣冠；以古为镜，可以知兴替；以人为镜，可以明得失。魏徵去世，朕失去了一面镜子呀！"由此可见，在唐太宗的心目中，魏徵多么重要啊！

除了魏徵之外，李世民身边还有很多良臣、忠臣。长孙无忌的妹妹长孙氏是李世民的妻子。长孙无忌从小就与李世民关系很好。他出身高贵，博古通今，非常富有才华，始终忠心耿耿地追随李世民。

玄武门事变时，长孙无忌请求李世民占据主动，抢先下手，在征求到李世民的同意后，他又去召集杜如晦和房玄龄回到秦王府，共同商议起兵的大事。正是因为有了他们的全力辅佐，李世民才能成功地登上皇位。为此，李世民对长孙无忌非常信任，也经常借助于聊天的机会，让长孙无忌发表一些看法。遗憾的是，长孙无忌虽然得到了唐太宗的恩宠，却在晋王李治即位之后，死在了宫廷斗争之中，结局可谓悲惨。

尉迟敬德武艺高强、骁勇善战，在唐太宗手下的诸多大将中，他无疑是一个非常勇猛的大将。不过，在追随李世民之前，他曾经是李世民的对手。因为得到了李世民的厚待和礼遇，他才成为李世民的忠诚下属。在大唐王朝的统一战争中，他始终和李世民在一起，并肩作战，还曾经三次挽救了李世民的性命。李世民对尉迟敬德非常器重，也充满信任。

在玄武门事变后，李世民顺利地登上皇位，尉迟敬德看到李世民即将大开杀戒，不顾自己的安危，劝说李世民不要殃及无辜。在他的劝说之下，李世民及时醒悟，才能采取宽大政

策，稳定民心，也成功地收服了东宫和齐王府的势力。

总而言之，李世民之所以有如此伟大的成就，开创了贞观之治，不仅因为他个人在军事方面很有才华，善于学习，善于纳谏，也是因为他有这些非常优秀的人才辅佐他。一个人的力量总是有限的，唐太宗把朝廷变成了众人力量结合的地方，因而才能够开创唐朝的贞观之治，让自己和诸位大臣全都青史留名。

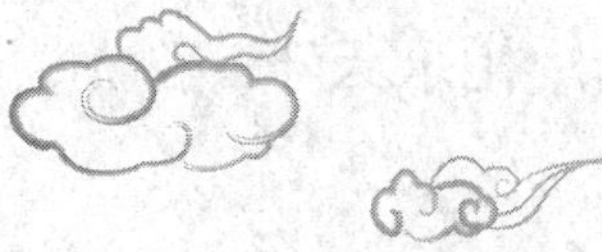

第五章 法制立国，统一边疆

偃武修文，礼乐天下

唐太宗李世民登上皇位之前连年征战，受此影响，他在与大臣们讨论治国安邦的方针时，大臣们都建议他乘胜追击，征讨四夷，以武力震慑天下。相比之下，很少有大臣劝他以礼仪威服天下。在各种因素的作用下，唐太宗即位之初，崇武思想占据了上风。

谏臣魏徵认为以武力征服天下、震慑天下，是违反治理天下的规律的。所以他对唐太宗直言进谏，指出那些大臣之所以提出以武力征服四夷，主要是因为他们更擅长行军打仗，也有耀武扬威的心态。尤其是在当时，很多少数民族时常侵扰唐朝的边境，所以大臣们就更加主张要以强大的军队和不可抵抗的武力征服四夷。在唐朝的强大军事威胁下，那些少数民族的骚动和叛乱的确得以暂时镇压和平息，但是并不能从根本上实现天下大治的目的。唐太宗对于魏徵的以礼仪威服天下的思想非常感兴趣，他马上向魏徵请教有什么好的策略可以治理国家。魏徵提出，必须偃武修文，实施礼仪教化，才能让整个国家越来越安定，也才能让少数民族主

动向大唐臣服。为了说服唐太宗以礼仪威服四夷，他还列举了有史以来很多皇帝偃武修文，把国家治理得繁荣昌盛的事例。渐渐地，在魏徵的劝说之下，唐太宗越来越坚定不移地实施偃武修文的治国方针和策略。

隋朝末期，国家动荡不安，经济受到极大的破坏，出现了很严重的倒退，整个社会民不聊生，老百姓都食不果腹，人人都过着颠沛流离的生活。经过隋朝末期的动荡，百姓们都渴望能够获得安稳幸福的生活。然而，在唐朝建立初期，为了能够一统江山，李渊派出李世民和其他大将四处征战，所以老百姓并没有如愿以偿地过上安稳幸福的生活。直到武德七年（624年），唐朝基本稳定下来，终于结束了动荡的局面，百姓们才拥有了更为安稳的生活。

唐太宗知道，要想发展社会发展经济，就必须让人心稳定下来。他最终认定，和武力征伐相比，以文治国是更为有效的，也能够取得良好效果。虽然遭到了其他大臣的极力反对，但唐太宗还是坚决支持魏徵偃武修文的政治主张，并且推出了一系列的政治策略和方针。正是因为在这个时期内，唐太宗做了很多好事情，所以才能为后世的贞观之治奠定坚实的基础。

唐太宗采取措施，尊儒崇经，就是因为他认识到在治理

国家时，儒学发挥着重要的作用。魏徵作为大名鼎鼎的史学家，对于儒学的研究很深入。在唐太宗推崇儒学之后，魏徵与唐太宗经常针对儒学展开深入的探讨。唐太宗不仅推崇孔子，还下诏发扬儒学，给儒学大家的子孙封官。这一系列措施使得儒学开始盛行起来。

唐太宗尊儒崇经，并不局限于儒学的门户。他对于那些有助于治理国家的儒学思想，都会吸收精髓，发挥所用。在这个阶段里，社会上广泛掀起了尊儒崇经的风潮，全国各个地方的学子们都热衷于学习儒家文化。除了弘扬儒学之外，唐太宗尊儒崇经的另一个重要举措就是设置弘文馆。此外，他还搜集与整理经典图书，这些措施都有利于对儒学思想进行传播和弘扬。

在实现了政治上的统一后，国家的礼仪也应该实现统一。这是因为在封建社会中，礼仪是维护封建统治秩序的重要工具。唐太宗登上皇位之后，标榜以文治国。在隋朝时期，虽然已经形成了很多社会通用的礼仪制度，但是还远远不够。唐太宗对隋朝形成的礼仪制度进行了很大力度的改革。随着儒学的推行，各种社会关系得到制约，君臣的行为得以规范。在贞观时期，唐太宗推行了各项措施以建立礼制，取得了显著的效果。

唐太宗尊崇礼仪到什么程度呢？在唐朝时期，失礼者将被绳之以法。由此可见，礼仪已经被上升到法律的高度。唐太宗不仅用礼仪约束臣民，他自己也非常重视礼仪。举个简单的例子来说，唐朝时期流行新婚夫妇必须拜见公婆的礼仪。随着时间的流逝，这个礼仪已经逐渐荒废了。唐太宗的女儿南平公主与礼部尚书的儿子王庆志结婚时，有人建议让南平公主不要对公婆行礼，但是唐太宗却坚持认为南平公主必须向公婆行礼，这才符合礼仪规范。就这样，南平公主以高贵的身份向作为大臣的公婆行礼，带头起到了尊崇礼仪的模范作用。

贞观四年（630年），唐太宗听说京城里的官员百姓在父母去世之后，谢绝他人前来吊唁，而且一滴眼泪都不掉。他勃然大怒，认为这样的行为根本不符合儒家思想中的孝道，是伤风败俗的。在唐太宗的大力反对和有力的提倡之下，官员和百姓们又恢复了传统的风俗和礼仪。

唐朝初年，偃武修文的另一个重要表现就是兴乐。在当时的社会中，礼乐代表着国运的兴衰和国家的强盛。唐太宗认为只有天下盛世太平，才能偃武修文，建礼作乐。

唐太宗是一位非常伟大的政治家，在任何时刻他都保持头脑清醒。他不仅文治武功，而且对于音乐、歌舞也有很深

的造诣。他之所以提倡人们要注重音律、载歌载舞，就是为了达到仁和的目的。正是在唐太宗的极大努力之下，大唐才实现了偃武修文、礼乐天下的盛世景象。

修订史书，以史为鉴

贞观六年（632年），对于士族卖婚的社会弊病，唐太宗非常忧虑，特意与宰相房玄龄进行了深入的沟通和深刻的探讨。唐太宗说："很多名门望族尽管家道中落，却依然借助女儿出嫁的机会，索要大量财礼。这种行为败坏了社会风俗，扰乱了礼法，必须马上进行大力改革。"正是以此为契机，唐太宗下令修订《氏族志》。那么，什么是氏族呢？所谓氏族，和士族是同样的意思。在唐朝，以地域为区分，有四个氏族集团：山东士族尚婚姻、江左士族尚人物、关陇士族尚冠冕、代北士族尚贵戚。在这四大士族中，其他士族或者没落，或者势力衰弱，唯有山东士族根基深厚，势力强大。山东士族以崔、卢、郑、李、王为首，很多朝廷重臣为了发展自己的势力，都争相和山东士族联姻，例如房玄龄、魏徵等。这样一来，山东士族的社会地位始终很高，难以撼动。唐太宗深知士族的力量过于强大，会严重威胁到皇权的稳固，所以他早就想找机会削弱山东士族的势力了。正是因为如此，他才当即下令让人刊正姓氏，修撰《氏族志》。

隋末唐初，朝廷里官员的变动很大。很多官员被革职、贬职或者调任，也有一些新任的官员势头很强劲。为了稳定局面，针对《氏族志》的修订工作，唐太宗进行了明示："遍责天下谱牒，质诸史籍，考其真伪，辩其昭穆，第其甲乙，褒进忠贤，贬退奸逆，分为九等。"为了真正做到"遍责天下谱牒"，唐太宗特意选了熟悉全国各地士族姓氏的官员负责编撰《氏族志》。例如，在《氏族志》的编撰人员中，令狐德棻是代北左姓；韦挺是关中首姓甲门；高士廉是山东渤海著姓；岑文本是江南土族。有了这来自四大士族的四个人分工合作，《氏族志》的修订工作就会更加顺利。

修订《氏族志》的重要目的之一就是为地方士族专立门户，所以必须彻底剔除那些假冒的庶族，因而在修订过程中，去伪存真的考订工作是重中之重。编撰《氏族志》的官员不但要依据"质诸史籍"识别士庶，还要以全国各地的士族呈上朝廷的谱牒作为重要依据。此外，唐太宗还制定了一条重要的政治标准："褒进忠贤，贬退奸逆"，以维护皇家

权力。

除了修订《氏族志》，唐太宗还开展了修订史书的浩大工程。俗话说，盛世修史。如果处于动荡不安的年代，国家连年征战，百姓朝不保夕，是无人修订史书的。相反，在和平盛世，国家富裕，百姓安稳，整个国家才能充分调动人力和物力修史。其实，李渊登上皇位后，曾于武德四年（621年）下诏修订史书，但是当时大唐王朝才刚刚建立，各方势力都对大唐王朝虎视眈眈，因而唐高祖李渊为了镇压那些反抗势力耗费了大量的时间和精力，修订史书的工作就被搁置了。贞观年间，唐太宗想起唐高祖的史书还没有修订完成，因而于贞观三年（629年），任命房玄龄担任总监，带领手下的官员继续修订史书。

因为修订史书工程浩大，所以不同的官员负责修订不同的史书，例如，李百药负责修订《北齐书》，姚思廉负责修订《梁书》《陈书》，令狐德棻负责修订《周书》，魏徵负责修订《隋书》等。这些官员各自完成了各自的史书修订工作后，又齐心协力地完成了《晋书》的修订工作。后来，因为房玄龄在朝廷里担任着重要职务，每天都要处理大量事情，实在无暇继续担任史书修订的总监职务，因而唐太宗命令魏徵担任总监，最终完成了史书的修订工作。

很多人都知道魏徵是有名的谏臣，常常对唐太宗直言进谏，甚至因此而惹恼了唐太宗。但少有人知，魏徵还是著名的历史学家。在重修的诸多史书中，魏徵负责修订的《隋书》堪称良史，最为令人赞叹。为了编纂《隋书》，魏徵深入地研究《隋史》十八卷等历史书籍，对所有的历史材料开展了去伪存真的工作，最终使得很多历史材料得以相互佐证。正是因为如此，魏徵负责编撰的《隋书》，才能令唐太宗特别满意。

在一系列的史书修订工作都完成之后，唐太宗看到《周书》《北齐书》《梁书》《隋书》等纪传体例不全，没有志，又安排了官员继续修订。不过，这项工作耗时很长，没有赶在贞观年间完成。等到唐高宗即位后，又经过数次修订，才终于完成。这一系列的史书，总计有三十卷。

从晋朝到隋朝，跨越了漫长的历史时期。在这个历史时期中，有二十余种史料。唐太宗很重视《晋书》。在所有官员齐心协力完成《晋书》后，唐太宗亲笔书写史论，也就是御馔。唐太宗亲自为晋宣帝、晋武帝、王羲之等人的纪传写史论，这也使得《晋书》成为中国封建历史上唯一一部由皇帝参与御馔的史书。

唐太宗不仅对修撰前史非常重视，对当代历史也极其重视。他明确要求，当代历史修撰必须记录当朝历史的国史，这样的记录要非常详尽，既包括当朝实录，也包括帝王的起居注。

此外，唐太宗也很积极地阅读前朝历史。他在阅读前朝历史的过程中，惊讶地发现历代帝王从来不读国史。对于历代帝王的这种做法，他感到特别不满。

贞观十四年（640年），唐太宗和大臣房玄龄商议，要号召读国史。房玄龄说："当朝国史会不加矫饰地记录包括当朝国君在内所有人和事的善恶，正是因为如此，历朝历代的君王才不读当朝国史。"唐太宗对此不以为然："朕和前朝国君不同。朕是为了明得失，才要看国史。做得对，继续保持；做得不对的，或者存在重大失误的，朕会像照镜子一样，看到就努力改正。所以，你们无须担心，完全可以呈给朕看。"从这段话，恰恰可以看出唐太宗以史为镜的思想。

唐太宗不仅重视国史，重视实录，也很重视起居注。什么是起居注？起居注是专门记载帝王言行的史记。在朝廷里，有一个特殊的职位，叫作起居郎。顾名思义，起居郎是负责记录君主起居的。负责记录唐太宗起居注的是史官杜正伦。杜正伦为人正直，秉笔直书，更是深知帝王的言行关系到千秋圣德。后来，唐太宗设立了起居郎的职务，由褚遂良担任。有一次，唐太宗问褚遂良：“你既然知道起居注记录的内容，朕是不是也可以知道呢？”褚遂良回禀唐太宗：“起居注对君王的言行善恶都进行了如实记录，目的是匡正后代的君王。皇上是当代的国君，不能看。”听了褚遂良的话，唐太宗感到更好奇了，追问道：“也记录了朕的失误吗？”褚遂良不卑不亢地回答道：“是的，不敢不记。”这时，大臣刘洎虽然平日里与褚遂良不和，却也严肃地回禀唐太宗：“对于陛下的失误，就算遂良不记，天下也记得。”从此之后，唐太宗再也不要求看起居注了。

唐太宗知道借鉴历史有着重要的意义，所以才会如此大规模地修史。在唐太宗之前，从未有任何君主如此大规模地修史。在前朝的历史中，唐太宗尤其看重《隋书》，这是因为他想要吸取隋朝灭亡的教训。为了真实地记录隋朝的历史，他特意让敢于直言进谏的重臣魏徵修订《隋书》，从而起到以史为鉴的积极作用。

在人类发展的历程中，每一个朝代或长或短，都有自己的经验和教训。君主必须积极地总结前人的经验，从前人的失败中汲取教训，才能保持持续发展、不断进步的态势。做

人如是，治国也如是。唐太宗作为历史上难得一见的开明国君，重视历史，主动地从王朝的更迭中汲取经验和教训，这是非常明智的。唐太宗说过："以史为镜，可以见兴替。"这句话流传至今，为后人所学习。

当然，唐太宗并非只是痴迷于读历史书籍，他还有着非常先进的历史观。他尽管借古鉴今，但是绝不厚古薄今。他始终肯定现世的成就，坚持认为时代是在向前发展的，今定胜于昔。因而他才能吸取历史的养分，供给今世的发展，他也才能站在历史的高度上反观自身，正确运用自己至高无上的权力，开创了贞观盛世。

坚持法治，赏罚分明

唐太宗即位后，只用了短短十几年，就在隋朝的废墟和初唐的动乱状态下，带领国家不断发展，使百姓终于过上了安居乐业的生活。这不仅是因为唐太宗重视历史，善于从历史中借鉴经验，也不仅是因为唐太宗崇儒尊礼，还因为唐太宗建立、健全了法律法规，从而推动了社会发展。在执行法律、法规的过程中，唐太宗始终坚持"王子犯法，与庶民同罪”的原则，公平对待每一个人。即便这种公平是相对的，也能让国家实现大治，让民众实现安居乐业。从某种意义上来说，唐太宗之所以能够实现贞观之治，与他坚持施行法治建设密切相关。

隋文帝在位时期，为了让人民在饱受战争之苦后得到机会休养生息，坚决主张轻徭薄赋，宽刑省法。正是因为如此，隋朝之初才能繁荣昌盛，形成“开皇之治”。但是，隋文帝的继任者隋炀帝滥用刑法，暴虐成性，不讲信义，最终失去民心，使得民怨沸腾。最终，隋朝灭亡。作为大唐王朝的建立者，李渊和李世民都曾经亲身经历了隋朝灭亡之前的动荡不安，并且深刻意识到隋朝灭亡的根本原因，既认识到水能载舟、亦能覆舟的道理，也深切地知道严刑酷法会严重地危害社会。为此，李渊早在晋阳起兵时就施行宽大政策。唐太宗登上皇位后，也曾说过，“对于国家大事，必须赏罚分明”。他不以个人的喜好和思想为治理国家的指导，而是把法律置于治理国家的最高位置。不得不说，唐太宗赏罚分明的思想远超历代帝王。

为了坚持法治，唐太宗主张大力完善《武德律》。他经常在朝堂上与大臣们讨论致治与立法的各种原则。对此，大臣们观点各异，立场不同。有人主张要采取严刑产生震慑作用，

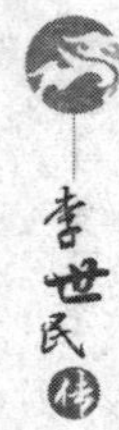

有人认为应该坚持仁政，才能国泰民安。魏徵就是仁政的支持者。魏徵说："刑罚是治国之末，仁义是治国之本。在治理国家的时候，必须慎用刑典，而主张仁义。"和魏徵一样，谏议大夫王珪也主张仁政。他们齐心协力劝谏唐太宗，唐太宗最终决定施行仁政，以慎刑宽法作为立法的根本。

唐太宗在确定立法原则后，当即开始安排官员修订律令。从贞观元年（627年）开始，长孙无忌和房玄龄等人就奉唐太宗之命，坚持宽平的原则，开始完善法律。他们用了十年的时间，终于修订完成了《贞观律》，并在全国范围内推行。《贞观律》面面俱到、严谨周全，成为唐朝后五代、宋、元、明、清制定律典的绝佳依据。与此同时，唐太宗还修订了其他法令，与《贞观律》相辅相成，使得唐朝时期法律完备，社会风气良好。

贞观时期，司法制度很严格。唐太宗的本意不是严惩臣民，而是为了促使臣民一起遵纪守法。每当老百姓触犯了法律，唐太宗都会感到很心痛，因为他制定法律的目的是帮助老百姓明确行为边界，知道哪些事情能做，而哪些事情不能做。正是因为唐太宗有这样的法制思想，也能坚决地贯彻执行法律，所以贞观时期的法制才能发展成熟。

唐太宗加大力度推行依法治国的方针政策，他自己也起

到了以身示范、遵纪守法的良好作用。他虽然是高高在上的君主，却从不认为自己是无所不能的神，而是清楚地知道自己也是肉体凡胎，也会有做得不好或者不对的地方。不仅如此，他还具有勇敢承认错误、积极改正错误的优秀品质。每当发现自己犯了错误后，他总是能够积极地改正。每当听到大臣对他直言进谏，他也能够做到虚心接纳，有则改之，无则加勉。试问，如果贵为天子都严格地遵守法律，那么大臣和百姓又如何会藐视法律呢？可以说，唐太宗的以身示范为推行法律起到了绝佳的带头作用。

除了积极地反省自我，处处严格要求自己之外，唐太宗之所以成为一代明君，建立了司法森严的法律体系，还因为他有魏徵这个谏臣。魏徵肩负着提醒唐太宗遵守法律的重要职责。有一次，他向唐太宗进谏："眼下，我朝的奖罚措施并不完善。例如，有些官员会以个人好恶决定如何量刑，也有些官员会在量刑时加入个人的情感因素。因此，必须继续完善相关的法律制度。"换作其他君主，听到大臣如此直白地指出自己在某些地方做得还不够好，一定会勃然大怒。然而，听了魏徵的建议，唐太宗特别高兴，当场表示认同。

如果只有完善的法律，却不能做到严格执法，也是远远不够的。例如，作为立法者不能起到带头作用，严格遵守法律，作为法官徇私枉法，借用执行法律的机会卖人情。一旦出现这样的情况，法律制度就会变成一张废纸，毫无效力可言。唐太宗要求所有臣子都必须严格执行法律，这使得法律制度真正得以执行，起到了最佳的效力。

唐太宗在位期间，充分发挥个人的智慧治理好国家，既采取儒家的治国思想，统一了道德和法律，实现了清明之治，也开创了以法律法规为先行的治世方式，成为后世帝王学习的榜样和楷模。

渭水之盟，除恶务尽

唐太宗志向高远，心怀天下，不仅实现了“贞观之治”，使得天下太平、人民安康，而且还运用武力，稳定了边疆形势。他知人善用，从谏如流，能够顾全大局，所以才会成为千古帝王的楷模，流芳百世。

李渊和李世民在晋阳起兵之前，晋阳曾经遭到突厥的突然袭击。当时，晋阳缺少兵力，无法抵挡突厥的进攻。李渊在和李世民商议之后，决定采取隐忍的策略与突厥建立良好的关系。直到大唐王朝建立之初，李渊和李世民为了得到突厥的支持，依然对突厥卑屈迎合，称臣纳贡。这是李渊和李世民为了千秋万代的基业采取的权宜之计。然而，突厥人却对此产生了深深的误解。他们看到李渊登上皇位之后依然对他们卑躬屈膝，不由得变本加厉。始毕可汗以形形色色的理由要求大唐向突厥进贡。这个时候，中原的局面还没有稳定下来，李渊生怕遭到突厥的夹击，因而对突厥有求必应。始毕可汗去世时，李渊还以国君丧礼的隆重礼节哀悼始毕可汗，这样的外交政策和外交行为，都是无奈之举。

突厥人欲壑难平，大唐连年向突厥进贡，突厥军队却依然进入大唐烧杀掳掠。对于突厥军队肆无忌惮的暴虐行径，唐朝守军尽管怒火中烧，却无计可施。武德三年（620年），突厥入侵大唐。武德七年（624年），突厥再次侵犯大唐，还试图在大唐的国土上建都。这个时候，李渊胆战心惊，原本已经在大臣的建议下决定迁都江南，不想，骁勇善战的秦王李世民坚决反对。他主动请缨，要率军攻打突厥，并且立下了军令状，要在十年之内平定漠北。

后来，李世民并没有花费十年与突厥战斗。颉利、突利这两位可汗率领大军入侵大唐，李世民率领少量亲信到敌阵前叫阵。他采取离间计，激发了颉利、突利这两位可汗的内部矛盾，使他们退兵，从而暂时缓解了突厥入侵的危机。

唐太宗登上皇位后，突厥的主力大军直抵长安近郊。唐太宗被逼无奈，只身带领房玄龄、高士廉等六骑，来到渭水河边，与颉利可汗隔着渭水对话。很快，唐军的主力部队陆续赶到。颉利可汗看到唐军人多势众，军纪严明，自知不是唐军的对手，只好在渭水河边与唐太宗歃血设盟，签订了“渭水之盟”。唐太宗一次又一次地化解与突厥的危机，他心里很清楚必须在军事上真正强大起来，才能降服敌人。为此，他一边采取缓兵之计暂时消除危机，一边加强军事训练，为随时都有可能爆发的战争做好准备。随着唐太宗的加快准备，唐朝的军事实力越来越强大。与此同时，突厥的军事实力却急剧下降，由盛转衰。唐太宗意识到突厥内部分裂，势力衰弱，对于唐朝而言，这恰恰是消灭突厥的好时机。贞观三年（629年），突厥对唐朝俯首称臣。至此，唐太宗总算出了这么多年来对突厥人忍气吞声的恶气。然而，唐太宗深知除恶务尽。贞观四年（630年）正月，唐太宗再次下令进攻突厥，从而彻底消灭突厥。唐朝大将李靖率领三千名骑兵，飞驰电掣奔赴恶阳岭。看到仿佛从天而降的唐朝大军，突厥大军吓得不敢应战，接连撤退。这时，颉利可汗派出使者到大唐讲和，其实是为了争取时间调整军队。唐太宗对于颉利可汗的计谋一清二楚，所以并没有阻止李靖将军的进攻之势，只是假意敷衍使者。最终，颉利可汗在唐朝将士们的逼近中仓皇逃跑，突厥大军溃不成军。

大同道行军副总管张宝相活捉了逃跑的颉利可汗。看到颉利可汗被大唐俘虏，那些曾经归顺突厥的少数民族马上投奔了大唐，纷纷派出使者前往长安，向大唐王朝纳贡。边境之患从北朝以来延续了几百年，至此终于得到解除。从此之后，唐朝把大漠以北也纳入了国土。

平定吐谷浑，降服高昌国

唐太宗在对突厥忍气吞声之后，最终积蓄力量，彻底制服了突厥。看到唐朝消灭了突厥，其他少数民族也纷纷对大唐俯首称臣，表示归顺。唐太宗在伊吾设置了伊州，方便管理这些少数民族。

在这个时候，吐谷浑并没有归顺唐朝。吐谷浑是鲜卑族的分支之一，是典型的游牧民族。唐朝灭掉东突厥之后，边疆的局势越来越稳定，唐太宗并没有与吐谷浑发生战争。这是为什么呢？首先，去往西域必须经过吐谷浑，所以征服吐谷浑，使其成为大唐的一个州县，打通去往西域的道路

是最为合理的，但是当时唐太宗认为时机还不成熟，不能这么做。此外，吐谷浑的慕容伏允很排斥和抗拒唐朝，这就使得唐太宗根本不可能把吐谷浑发展成为亲近唐朝的政权。其次，对于吐蕃势力而言，吐谷浑就像是一道屏障，反而可以保护唐朝。出于这些方面的考虑，唐太宗制订了详细周密的计划，决定以慕容顺为切入点，建立吐谷浑政权。

慕容顺曾经作为人质在唐朝生活过一段时间，深受汉族文化的影响。此外，慕容顺一直不满弟弟当上太子，使他政治前途无望。因此，唐太宗想帮助慕容顺夺回王位的继承权，这样慕容顺很有可能会归顺唐朝。得知唐朝的动向，慕容伏允当然也不会束手就擒。他当即写了一封国书，代替他的儿子向唐太宗请求赐婚。唐太宗要求慕容伏允必须亲自迎亲，慕容伏允却拒绝了，这使得和亲失败。此后，唐太宗与慕容伏允几番交涉，慕容伏允都毫不让步。唐太宗以此为借口，于贞观九年（635年）任命李靖为西海道行军大总管，率领大军进攻吐谷浑。李靖出兵次年大获全胜，对慕容伏允穷追不舍，慕容伏允只得逃跑。后来，慕容顺成为吐谷浑的可汗，带领吐谷浑归顺大唐。为了帮助吐谷浑对抗吐蕃，唐太宗还让凉州都督李大亮率领精兵，驰援慕容顺。从此，吐谷浑彻底臣服大唐。

唐朝终于消灭了吐谷浑，接下来，唐太宗要解决的心腹大患就是高昌国。高昌国虽然地处偏僻，却是通往天山南路和北路的重要咽喉。必须经过高昌国，才能走通丝绸之路。贞观四年（630年），高昌王麴文泰曾经亲自来到长安，向唐太宗表达归附之意。这样一来，大唐通往西域的通道彻底打开了。然而，此后，高昌国不再亲唐，而是开始反唐。得知这个消息，唐太宗勃然大怒，意识到要想统一西域，发展对外贸易与经济，就必须灭掉西突厥乙毗咄陆可汗的嚣张气焰。综合以上的各个因素，唐太宗不顾诸位大臣的反对，决定出兵征讨高昌。

贞观十三年（639年）冬，唐军出兵高昌，火速到达碛口。麴文泰万万没想到唐军从遥远之地赶到，居然如此神速，不由得大惊失色，很快就吓得一命呜呼了。麴文泰的儿子麴智盛刚刚即位就开始筹备父亲的葬礼。这时，唐军中有人提出趁着麴智盛忙于国丧之机偷袭高昌国，但是攻打高昌国的主帅侯君集却当即拒绝道："天子之所以命我率领大军讨伐高昌国，是因为高昌骄慢无礼。所以我们攻打高昌国必须师出有名，而不能搞偷袭或者突袭，否则就会毁掉我大唐的颜面，使我大唐无颜问罪高昌。"基于这样的想法和如此宽容的气度，侯君集率军抵达田城后原地待命，并且命令唐

军擂响战鼓，向高昌发布唐军已经到来的讯息。与此同时，他们还派人向高昌部众宣谕圣旨，希望高昌国人能够主动投降。侯君集一直等到麴智盛忙完了麴文泰的葬礼，看到麴智盛还是没有投降的意思，才下令大军开始攻城。

很快，唐军就攻破了高昌王城。侯君集看到麴智盛不识时务，就如同箍铁桶一样把高昌的都城围得连只苍蝇都无法进出。高昌王麴智盛看到唐军人多势众，士气高涨，知道失败已成定局，只好派出使者向侯君集求和。侯君集告诉使者，麴智盛必须率领文武百官到城门处投降，才能得到从轻处理。麴智盛刚刚即位，既想投降，又顾及大臣的反对意见，因而犹豫不决。侯君集一直没有等到麴智盛投降，不由得勃然大怒，当即命令大军开始攻城。在唐军的强烈攻势下，麴智盛才无奈投降。唐太宗得知唐军攻下高昌的消息，喜出望外，当场宣布重重奖励所有的将士。他在朝堂上当着文武百官的面，感慨地说："大唐有侯君集，何愁边疆不定呢？从此之后，朕总算不用担忧了。"

唐太宗即位后，接连平定了东突厥、吐谷浑和高昌等地，边疆越来越稳固。随着疆域的拓宽，大唐王朝成为了当时世界上多民族统一国家中最大的国家。

第六章 民族团结，与邻为善

采用和亲政策，促进民族团结

唐太宗是武将出身。在跟着父亲李渊晋阳起兵的那段日子里，他四处征战，堪称是大唐王朝的灭火员。为此，他在登上皇位之后，也通过武力镇压了周边少数民族的叛乱，获得了暂时的安宁。然而，唐太宗深知，要想真正地统一全国，让所有的少数民族都诚心归附，实现和平与稳定发展，就不能只依靠战争去镇压。尤其是在发现很多部族尽管在被大唐打败的时候诚心归附，却在唐军撤离当地之后马上又开始反对大唐这种情况时，唐太宗便开始更加深入地思考民族团结的问题。他很清楚，朝廷不可能始终派军队驻守在当地，否则就会耗费大量的人力、物力和财力资源。针对这些问题，唐太宗深知军事手段不是万能的灵药，必须采取有效的措施安抚少数民族，才能实现各个民族的和睦相处与深度融合。

在安抚少数民族的过程中，唐太宗首先采用的就是和亲政策。所谓和亲政策，即以婚姻为政治手段，通过联姻，实现政治目的。在封建社会，和亲是常见的政治和外交手段。

唐朝时期，北方民族的家庭生活里，以妻子当家做主作

为主要的家庭经营形式。以此为基础，如果大唐的公主嫁到了北方，而且生下了继承王位的儿子，那么北方民族的首领就得称呼大唐为外公了。可想而知，普天之下，很少会有外孙与外公动武的。此外，唐朝国力强大，国运昌盛，所以唐朝愿意与少数民族和亲，其实是大唐公主屈尊下嫁给少数民族。所以，对于少数民族而言，他们会很荣幸能够娶到大唐公主。为此，有些少数民族的首领为了能够娶到大唐公主，与大唐王朝和亲，往往会对大唐王朝献上丰厚的聘礼。

因为唐朝大力推行和亲政策，所以与少数民族和亲的大唐公主很多。在众多和亲的故事中，以松赞干布和文成公主的联姻最为人称道。

公元617年，在墨竹工卡的强巴敏居宫殿里，松赞干布降临人世。他相貌英俊，文武双全，胸怀大志，才十三岁就继承了吐蕃王位。有了他的英明领导，在很短的时间内，吐蕃就有了很多改变，例如平定叛乱、扩大疆域，迁都拉萨等，其中尤以统一吐蕃全境是最伟大的，也对吐蕃的发展起到了深远的影响。

松赞干布不但擅长军事，也精于治理国家。统一吐蕃后，他命令官员以梵文为基础创造了藏文，还统一了度量衡，创建了管理体制和法律条文。正是因为松赞干布管理得

法，所以吐蕃王朝迅速地发展壮大起来。在当时，吐蕃王朝的势力仅次于大唐王朝。作为少数民族的首领，松赞干布并不局限于本民族的文化，还特别崇拜中原的风俗和文化。

在统一吐蕃之后，贞观八年（634年），松赞干布派遣使者来到大唐，觐见唐太宗。此后，唐太宗也派出使者冯德遐来到了吐蕃，与吐蕃礼尚往来。这一年，松赞干布年仅十八岁。冯德遐特别欣赏松赞干布的言谈举止，松赞干布也与冯德遐相谈甚欢。从冯德遐口中，松赞干布得知大唐曾经把公主下嫁给突厥和吐谷浑等，他也产生了迎娶大唐公主的心思。他不仅仰慕大唐公主，更是希望大唐公主能够把大唐的文化带入雪域高原，助力他实现文治天下的伟大梦想。

有了这样的想法，松赞干布当即派使者携带贵重珠宝，跟随冯德遐一起回到大唐，当面请求唐太宗允许和亲。不想，唐太宗拒绝了松赞干布和亲的请求。原来，松赞干布之所以和亲被拒，是因为吐谷浑的使者从中作梗。吐谷浑与吐蕃比邻，一直对吐蕃虎视眈眈，当然不想让大唐公主下嫁给吐蕃，更不想让松赞干布也成为大唐的驸马，与大唐建立更为亲密的关系。得知和亲被拒，松赞干布大为恼火。他年轻气盛，当即说道："如果大唐不把公主嫁给我，我就攻打长安！"松赞干布是个不折不扣的实干家，他当即派出大军攻打吐谷浑。在吐蕃的猛烈攻势下，吐谷浑一败涂地。

攻破了吐谷浑之后，松赞干布没有继续进攻大唐河西边境，而是亲自率领二十万大军攻向了大唐西南领地松州，也就是现在的四川一带。借着兵临城下之际，松赞干布暂停进攻，再次派遣使者入唐请婚，献上重礼，还要求要带着公主和吐蕃大军一起撤回。唐太宗英勇神明，根本不可能忍受这样的屈辱，当即扣押使者，派人向吐蕃大军宣战。让唐太宗万万没想到的是，唐军居然失败了。

后来，松赞干布返回拉萨，一边派出使者出使大唐，当面向唐太宗请罪，一边又一次提出请求，要迎娶大唐公主。至此，唐太宗对松赞干布的脾气秉性和能力实力都有了一定的了解，认为把大唐公主下嫁给吐蕃并不委屈。就这样，唐太宗答应了松赞干布和亲的请求。

贞观十四年（640年），松赞干布派出当朝重臣——大相禄东赞为请婚特使，率领一百多位大臣浩浩荡荡地来到长安，奉上珍奇异宝，迎娶公主。唐太宗当即下诏，命令宗女文成公主下嫁到吐蕃，嫁给赞普松赞干布为妻。第二年，唐太宗派江夏王李道宗护送文成公主入藏，与松赞干布成婚。此次入藏，在唐太宗的准许下，文成公主带去了很多唐朝的书籍、衣物、食物、药品、种子和工艺品等。这些东西都是

大唐文明的结晶，松赞干布想要通过和亲的方式引入大唐文化的目的终于达到了。

文成公主入藏以后，大力促进西藏的手工业和农业发展，给所有的西藏人民都带来了福音。除了带来了很多代表着大唐文明的物品之外，文成公主还带了各行各业的工匠入藏。这些工匠到达西藏之后发挥了重要的作用，教会了当地人很多技术。总而言之，文成公主的到来，彻底改变了西藏人民的生活。此外，文成公主还带着大唐的音乐去了西藏。在她的鼎力相助之下，松赞干布开始着手完善文字和历法。

贞观十九年（645年），松赞干布以大唐女婿的身份，派遣大相禄东赞入唐朝贺，并且把一只高达七尺的金鹅献给唐太宗。唐太宗驾崩时，松赞干布还特意派使者入唐凭吊，献上厚礼。唐高宗在位期间，继续与松赞干布保持着良好的关系，给松赞干布封官，还重赏了松赞干布。后来，松赞干布去世后，唐高宗还派出使者来到拉萨吊祭。

在历史上，文成公主和松赞干布的结合是和亲的佳话，广为流传。文成公主在西藏生活了四十年，对于促进西藏与汉族的文化交流起到了极大的作用，对于吐蕃社会的产生和发展都贡献出了巨大的力量，尤其是帮助唐朝与吐蕃建立了稳固的关系和深厚的友谊。

团结各个民族，恩威并施爱之如一

对于民族问题，唐太宗始终特别重视。他知道，只有民族团结，国家才能安定发展，所以他采取了很多促进民族团结的政策。其中，尤以内迁突厥和设置羁縻府州这两项措施的效果最为显著。

贞观四年（630年），唐太宗终于解决了东突厥一直以来蠢蠢欲动的问题，马上召集群臣开始讨论怎样安置突厥。在讨论的过程中，温彦博与魏徵进行了激烈的争辩。温彦博主张学习汉朝，把突厥人安置在黄河以南的偏僻地区。魏徵则以晋武帝司马炎的永嘉之乱为鉴，认为应该小心防范突厥人，切勿将其流放到黄河以南的偏僻之地，否则很容易生出祸端。

其实，温彦博和魏徵所争论的问题，恰恰是唐太宗的心腹之患。后来，唐太宗采纳了温彦博的建议，把突厥人内迁到中原，还将一万户突厥人引入长安，定居下来。对于突厥人，唐太宗并不另眼看待。他从突厥人中选取了一些有才华的人在朝廷中担任官员，而且比例还很高。在朝廷里，有一百多位武官都是突厥人，占到朝廷所有武官的一半。很多突厥人得到唐太宗的信任，对唐太宗忠心耿耿。

唐太宗作为封建时期的帝王，能够以如此开明的政策对待战败的民族，恩威并施地安抚了突厥部众，极大地稳定了唐王朝北部，也极大地促进了社会发展。简而言之，唐太宗对待北方少数民族采取的是羁縻政策，这个政策的施行大获成功，使很多少数民族的人都真心诚意地归顺大唐。突利可汗的弟弟为了避免被大唐问罪，四处逃亡，后来听说唐太宗对待突厥人宽大为怀，因而主动归降了唐朝。看到羁縻政策在对待突厥问题上大获成功，唐太宗还把羁縻政策推广到其他少数民族问题的处理上。

唐太宗之所以能带领大唐建立统一的多民族国家，与他致力于设立少数民族羁縻州府是密切相关的。在收服了各个少数民族后，唐太宗取消了各个少数民族可汗的称号，直接为这些少数民族设立长官，实现了他对少数民族的直接管理和密切关注。

随着羁縻政策的推行，在少数民族中，唐太宗的威信越来越高。更多少数民族的使者都来到长安，觐见唐太宗。在当时，甚至出现了上千个少数民族的使者一起来到长安觐见唐太宗的壮观场面。唐太宗知道各个民族之间必须保持交流，互通有无，所以下令在回纥以南、突厥以北修筑一条道路，名为参天可汗道。

参天可汗道长达四千多里，是联通长安和西北边境的重要通道。如果每六十里就设置一个驿站，那么整条参天可汗道上将会设立六十八座驿站。行路的人可以在驿站里住宿休息，还可以在驿站里购买生活的必需品，甚至购买马匹。参天可汗道兼具双重作用，既是政治通道，也是贸易和信息通道。长安可以借助于参天可汗道管理边疆，也可以运送各种生活和生产物资到边疆去。与此同时，边疆可以随时向长安汇报消息，也可以把各种生活和生产物资运送到内地。由此一来，长安与边疆的联系更加紧密了。

唐太宗治理国家向来讲究恩威并施。但是，在恩与威之中，他更倾向于恩怀与德惠，而很少去压迫大臣和百姓。他还把这样的治国思想体现在对待少数民族的问题上。在唐太宗刚登上皇位的时候，就有很多大臣提出用武力征服四夷。在当时，只有魏徵持有不同的观念，他认为要偃武修文，才能笼络人心。最终，唐太宗采纳了魏徵的建议，采取德化政策，通过各种方式，例如和亲、设立羁縻州府等，实现了民族团结与安定，也让那些少数民族主动臣服和朝贡。

看了唐太宗对待民族问题的态度和所采取的策略，我们更加相信唐太宗的重要民族政策之一就是对于各个民族都“爱之如一”，平等对待。封建社会不仅等级观念森严，民族歧视的

现象也很严重。唐太宗在选拔人才方面，对于少数民族的人才也加以重用，所以才能得到他们的衷心拥护。

唐太宗尊重和爱护少数民族将领的事例不胜枚举。在诸多事例中，契苾何力的事例很典型，而且会引起我们深入的思考。契苾何力的外公是铁勒族可汗。贞观六年（632年），他带着母亲姑臧夫人和族人们迁徙到沙州，也就是现在的甘肃一带，然后向大唐表示归顺。唐太宗早就听说在少数民族的将领中，契苾何力是不可多得的佼佼者。他认为自己如果能够安抚好骁勇善战的契苾何力，一定能够对稳定少数民族首领产生积极的影响。为此，在契苾何力归降后，唐太宗授予他“左领军将军”的职务。

契苾何力归顺大唐时，很多少数民族都蠢蠢欲动，对大唐在当地的统治形成了很大的威胁。鉴于这种情况，唐太宗命令契苾何力和薛万均、李大亮一起统率大军，讨伐其他少数民族。事实证明，契苾何力作战勇猛，当其他将领遇到危难时，他更是奋不顾身地相救。最终三位将领率领大军平定了吐谷浑，唐太宗喜出望外，当即派出使者奔赴前线，嘉奖全体将士。这个时候，薛万均嫉妒契苾何力战功赫赫，在使者面前造谣诋毁契苾何力。唐太宗查明真相后，对契苾何力更加器重，这使得契苾何力大为感动。

契苾何力在京城身居要职，与母亲相隔遥远。他常常因为思念母亲而情不自禁地流泪，唐太宗得知契苾何力思母心切，特意下诏让契苾何力回到凉州，探望母亲。契苾何力得到这个机会喜出望外，当即收拾行囊赶赴凉州。他万万没想到，他刚刚进入凉州境内就遭遇了一场大灾。原来，在当时，铁勒族薛延陀部在凉州境内的势力很强大。得知契苾何力回到凉州探望母亲，薛延陀部的叛党马上扣留了契苾何力。直到此时，他才知道薛延陀部一直都在胁迫他的母亲和弟弟，正等着劝降他呢。

叛党采取了威逼利诱的手段，只为了让契苾何力归顺。薛延陀部首领直截了当地给了契苾何力两条路：或者人头落地，或者归顺。在生死存亡的关头，契苾何力对大唐的忠心丝毫未减。他怒斥叛党："唐朝皇帝厚待你们，你们却忘恩负义，行为卑劣。我绝不和你们苟同，哪怕死，也不会背叛大唐。"话音刚落，他就抽出佩刀割下了自己的左耳，表明自己的忠心。

契苾何力始终对大唐、对唐太宗忠心耿耿。他病逝之后，朝廷为他追封官职，还特许他葬在昭陵旁。唐太宗诚恳地对待少数民族首领，这使得很多少数民族将领都纷纷归降，对大唐忠心耿耿，也以实际行动回报唐太宗。唐太宗去

世后，很多少数民族的首领都以自己的方式祭奠唐太宗，也有一些首领主动要求给唐太宗陪葬。通过这些首领的举动，我们不难看出唐太宗真正与少数民族建立了鱼水关系，是实至名归的“天可汗”。

丝绸之路

从汉武帝时期，开始了真正的外交和外贸。汉武帝在位时，国力强盛，真正具备了彻底解决匈奴问题的条件。再加上汉武帝已经准备了多年，所以当他派出大将卫青和霍去病等人时，卫青和霍去病很快就帮助汉武帝解决了心腹大患。正是在此前提之下，张骞才能顺利地进行第二次西域之行，促进了中原地区与西域的贸易往来。

一直以来，高山、荒原隔断了中国通往东亚和西亚的道路。即便如此，中国人吃苦耐劳、勤奋刻苦，还是在荒山野岭中开辟出了一条道路。这条通道以甘肃的河西走廊为起点，经过塔里木盆地，从帕米尔高原翻越过去，经过伊朗高原和阿拉伯高原后，直至到达地中海附近才结束。这条道路特别漫长，崎岖坎坷，充满艰险。行走这条道路。既要翻越终年覆盖着积

雪的大山，也要穿越荒无人烟的草原，还要走过一望无际的沙漠和风吹日晒的戈壁滩。在汉武帝彻底解决匈奴问题之前，这条道路无法通行的重要原因就是，匈奴占据着河西走廊以西的广大地区。汉武帝登上皇位后，国力日益强盛，才能消除匈奴之患，使得外部环境越来越安定。以此为前提，人们才能开通了这条大名鼎鼎的道路——丝绸之路。

丝绸之路不仅促进了外交活动的开展和贸易活动的发展，还有利于传递信息。中国的科学技术和博大精深的文化，通过丝绸之路传播到了西方，西方的科学技术与精神文明，也通过丝绸之路进入了我们的国家。在丝绸之路这条大动脉的强大作用下，起源于不同精神摇篮的文化彼此碰撞，相互融合，促进了文化的发展。遗憾的是，虽然丝绸之路在汉朝时期发挥了重要的作用，但是在到了三国两晋南北朝时期之后，却因为连年征战，国力衰弱，而不再通畅。进入隋朝后，隋文帝在国家的实力持续增强之后，也曾经梦想着恢复汉朝的雄风。只可惜，隋朝的国力有限，隋文帝的能力也有限，所以这个梦想最终还是搁浅了。

贞观年间，唐太宗登上皇位之后休养生息，以武力征服了吐谷浑，这样一来，就能保证河西走廊处于安全之中，也奠定了统一西域的坚实基础。后来，唐太宗又派出大军收服

了高昌国，这使得西突厥不得不归顺大唐。由此一来，丝绸之路终于畅通，又能够促进中西文化和经济交流了。

在国家发展方面，唐太宗对于外贸易和交往特别看重。隋朝时期，与中国开展贸易的国家只有十几个，但是到了唐朝时期，开展直接贸易的国家达到七十多个。很多国外客商通过陆路交通和海陆交通的方式涌入大唐的繁华城市，如长安、洛阳、广州、扬州等。渐渐地，汉武帝开辟的丝绸之路再次大放异彩。唐太宗没有满足于此，而是把丝绸之路不断延伸下去，到西域和地中海沿岸，进入一望无际的海洋。在当时，放眼世界，唐朝是最文明强大的国家。为此，唐朝的首都长安成为了国际性大都市，全世界的人民都很向往来到长安生活和定居。在当时，很多外国人都在大唐的繁华都市定居，如扬州、广州、长安等地的侨民都达到几十万之多。这都是因为唐太宗有博大的胸襟和气度，也有广阔的格局，所以才能开创贞观之治，也才能吸引来世界的瞩目。

中国造出了性价比极高的草纸。世界上的很多国家都弃用价格昂贵的绢类纸张，改用草纸。这对于世界文化的传承和传播也是大有裨益的。可以说，造纸术推动了世界文化的发展。

贞观年间，唐太宗经常接待外国使者，其间发生了一些有趣的事情。有一次，回纥部派了几千名使节来到大唐王朝。唐太宗当即设宴热情招待这些使节。因为人数众多，他就命人搬来一个大酒缸放在大殿前。唐太宗突发奇想，想要让这些使节为大唐惊叹，因而让人偷偷地在酒缸旁边打开了一条暗道，持续地往大缸中注入酒水。通常情况下，几千名使节很快就能喝完一大缸酒。但是这一次，几千名使节喝得东倒西歪，都没有把大缸里的酒喝完。这到底是怎么回事呢？使节们想破了脑袋也想不出来，议论纷纷：都说大唐富足，果然名不虚传。看看吧，大唐的酒非但喝不完，反而越喝越多！

大唐不仅在文化和贸易领域保持开放，也在政治领域保持开放。在当时，唐太宗还任用了很多外国人士在朝廷里当官。例如，日本人阿倍仲麻吕在长安生活了五十多年。在朝廷里，他刚开始只是一名校书郎。后来，他的官职不断上升，渐渐地升任到秘书监，得到了朝廷的优厚俸禄。唐朝采取如此开放的政策任用人才，既有利于外国人学习中国的行政管理，也有利于中国人学习外国人的先进理念和经验，可谓一举两得。

古今中外，经常会发生外来文明湮灭本地文明的现象，

所以很多统治者都小心翼翼，不愿意引进异域文明。然而，唐太宗与所有的君主都不相同。他能力很强，宏图伟略，有着高度的自信，所以才会对异域文明泰然处之，兼容并蓄。为此，他还提出了“爱之如一”的口号。这不但使文化交流的氛围越来越浓郁，也促进了创新的发展，使大唐屹立于世界强国之林。

玄奘西游

大唐盛世赢得了世界的瞩目，很多外国使者争先来到大唐观摩、学习、经商等。在此期间，大唐也派出去很多人到其他国家进行访问。除了朝廷使节去其他国家进行交流之外，商人和僧侣的足迹也遍布世界各地。对于走出国门的中国人，外国人将他们统称为“唐家子”。在民间诸多走出国门的人物中，玄奘是最具代表性的人物，为很多人熟知。

玄奘之所以为大家熟知，是因为《西游记》中的唐僧就是以玄奘为原型进行创作的。通过《西游记》的广为流传，玄奘在取经途中发生的故事也为人津津乐道。然而，玄奘真实的游历故事与神话传说中的唐僧取经历程有着很大的差别。

玄奘，俗名陈祎（也作祎），小小年纪就失去了父母，成为孤儿。十岁时，他为了维持生计，和哥哥一起进入佛门，于三年后正式剃度出家。玄奘对于佛教特别感兴趣，先后拜了很多高僧学习佛教理论。在精研佛学时，他发现佛教理论很混乱，对于很多问题都没有定论，因而产生了一个想法，即去佛教的发源地——天竺学习佛法。

然而，在当时的情况下，朝廷并不支持他实现自己的想法。最终，玄奘以偷渡的方式，擅自前往天竺学习佛法。在来到高昌时，高昌王麴文泰信奉佛教，因而热情地接待了玄奘。虽然麴文泰极力挽留玄奘，但是玄奘却坚决拒绝了。后来，麴文泰请求与玄奘结为兄弟，玄奘同意了。离开高昌国时，玄奘得到了二十五人、三十匹马的馈赠。麴文泰还写了二十四封信，让玄奘在西行途中经过二十四个国家时，呈给国王，得到便利。西行途中，玄奘途经很多国家，对于有的国家匆匆而过，对于有的国家则短暂停留。贞观五年（631年），玄奘到达了摩揭陀国。在那烂陀寺学习了五年。贞观十年（636年），玄奘离开那烂陀寺，又踏上了学习佛法的旅程。

玄奘在国外游历多年，学习了很多博大精深的佛学理论。玄奘掌握了很多高深的佛学理论，他又有着机敏的头脑和辩论的口才。正是因为如此，在摩揭陀国学习佛法的玄奘，才会成为佛学界里的知名人士。摩揭陀国的戒日王也信奉佛教，还特意为玄奘举行了一场盛大而又隆重的讲学大会。这场讲学大会规模很大，盛况空前，天竺十八个国家的国王，以及三千多名高僧齐聚一堂，堪称佛学界的盛会。从此之后，玄奘声名远扬，受到了很多佛学人士的推崇。

玄奘游历各国，不仅学习了佛法，还促进了东西方文化交流融合。玄奘游历各国学习佛法耗费了十九年，走过了五万多里路程，最终才带着丰硕的成果回到大唐。玄奘进入长安时，长安城里的人们都出城迎接玄奘。很多人对玄奘顶礼膜拜，可见玄奘在当时的影响多么大。

唐太宗得知玄奘回到大唐，赶紧召见玄奘。很快，玄奘就来到洛阳，拜见唐太宗。唐太宗见到玄奘后，给予了玄奘至高无上的评价。他与玄奘促膝长谈，为玄奘游历各国的见识所折服，也对玄奘十九年来坚持求佛的精神敬佩不已。唐太宗还邀请玄奘入朝为官，玄奘坚决拒绝了。玄奘主动提出开展译经工作，唐太宗不仅当即答应了玄奘的请求，还为玄奘安排了助手。一年多之后，玄奘和助手一起完成了《大唐西域记》。《大唐西域记》详细记载了大唐西部的边境情况，为唐朝开拓西部提供了丰富翔实的资料，也提供了新的借鉴和思路。

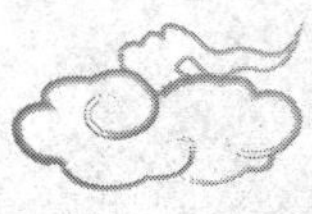

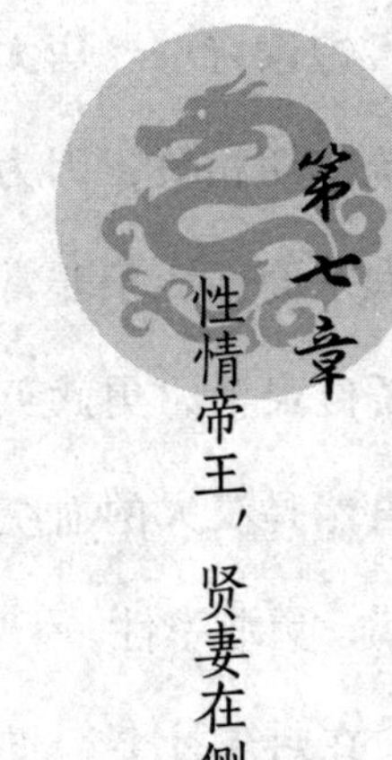

第七章 性情帝王，贤妻在侧

文武全才李世民

唐太宗作为贤明的君主，不仅骁勇善战，崇尚武力，而且饱读诗书。唐太宗最喜骑射，这与李唐家族具有胡族血统密切相关，因为胡人就是善骑射的。根据史书描述，唐太宗面部线条非常硬朗，浓眉深目，胡须微微卷曲，身形矫健灵活，勇武英俊。后人们根据这些描述推断，唐太宗虽然是汉人的血统，却有胡人的基因，所以他才会豪放不羁，勇敢率性。

在封建社会，贵族官僚中很多人都崇尚武力，因而习武的人很多。为了响应国家的号召，开边征伐，很多贵族亲自披挂上阵，浴血沙场。他们之所以这么做，是为了继承家族的荣耀。其实，他们从小就开始学习骑射了。唐太宗出生于军事贵族家庭里，从小就学武，因此身强体壮，性格坚毅。血统再加上家庭教育的熏陶使他顺利地成为优秀的武将。

除了血统和家庭教育的影响之外，唐太宗还受到生活环境的影响，特别热衷于弓马骑射。李氏家族最早在民风彪

悍的西北定居，所以唐太宗很小就受到北方民族粗犷个性和尚武精神的影响。此外，唐太宗属于关陇集团，在关陇集团中，尚武的风气非常浓郁。唐高祖李渊曾经勤学苦练武功，可想而知，唐太宗也自然而然地重视武力。

从军之后，唐太宗南征北战、东征西讨，不管走到哪里，都随身带着弓箭。唐太宗有神力，据说，和普通弓箭相比，他的弓箭要大一倍，所以威力无穷。唐太宗的箭术特别高超，不但百发百中，而且能以大力射穿门阖。对于唐太宗高超的箭术，房玄龄以“箭穿七札，弓贯六钧”大肆赞扬。在四处征战的过程中，唐太宗曾经几次遇险，都是靠着出神入化的箭术才得以脱身。对此，他自信满满地说：“朕是用弓箭平定天下的。”把江山社稷与弓箭联系在一起，可见唐太宗对于骑射的热爱。

自从正式登上皇位之后，唐太宗必须以江山社稷为重，多多保重身体，保证自身的安全，因此很少有机会驰骋沙场了。但是，他始终有着沙场情怀。他规定皇宫里的卫士们每天都要刻苦操练，并且亲自担任教练，训练卫士们的骑射本领。对于表现好的卫士们，他会慷慨地赏赐。卫士们对于和唐太宗一起练习射箭热烈响应，因为与皇帝一起射箭是至高无上的荣誉。很多大臣担心唐太宗的人身安全，几次劝阻唐

太宗不要和卫士们一起射箭，唐太宗却不以为然。

唐太宗不仅喜欢骑射，还喜欢收藏弓箭。他经常与制造弓箭的高手进行讨论，明确如何才能判断弓箭的优劣。和很多帝王玩物丧志，或者沉迷于某项娱乐活动无法自拔完全不同，唐太宗对于骑射的喜爱，恰恰表现出他一直都在怀念曾经驰骋沙场的生活。

既然唐太宗喜欢骑射，那么除了热爱弓箭之外，唐太宗当然还喜欢良马。这也与他从小就研习武艺，长大后又四处征战密切相关。在古代，要想在战场上所向披靡，要想在遇到危险的时候全身而退，就一定要有良马。可想而知，与人靠着两条腿奔跑相比，马跑动的速度大幅提升，这也就使得作战的机动性大幅度提升。唐太宗爱马，在排兵布阵的时候，最擅长以骑兵取胜。他对骑兵的排兵布阵出神入化。

在这本书前半部分的讲述中，细心的读者会发现，唐太宗负责统帅的战斗中，骑兵总是扮演着至关重要的角色，起到了不可取代的作用。从这个意义上来说，大唐王朝的建立的确与唐太宗善用骑兵有很大关系。唐太宗精于骑兵突击，特别重视马的素质。他的坐骑都是可遇而不可求的千里马。正是因为有了这些良马，李世民才能立下赫赫战功，为大唐王朝的建立立下头功。

贞观时期，唐太宗颁布了各种政策，采取了各种措施，大力促进马匹的供给与繁衍。他还建立了马匹管理系统，从而便于国家大规模地养马。为此，唐太宗还指定幅员辽阔的陇右地域为养马基地。为了保证能够出产优良马匹，养马基地奉行严格的标准选择马种，只要上等纯种种马。这些纯种种马或者来自馈赠、购买，或是在征战中缴获的战利品。

也许有人会担心唐太宗喜欢良驹、耗费大量的人力物力养马会玩物丧志。其实，这种担心完全是多余的。唐太宗发展养马业，是公私兼顾，既满足了个人爱好，又可以保家卫国。要知道，当时少数民族在大唐边境虎视眈眈，他们都是善于骑射的游牧民族。俗话说，工欲善其事，必先利其器。如果大唐没有良马，没有骑兵，如何能与这些游牧民族对抗呢！从某种意义上来说，一场战争的成败与是否具有充足数量的优质战马是密切相关的。

前文说了唐太宗喜欢收藏弓箭，其实，唐太宗还喜欢收集名马。大宛国盛产良马，在向隋朝俯首称臣的时候，每年都会上贡良马给隋文帝。有一年，大宛国上贡了一匹千里马给隋朝，这匹千里马名为“狮子骢”。传说，“狮子骢”早晨从长安出发，傍晚时分就可到达洛阳，可谓神速。遗憾的是，在动荡不安的战争年代，“狮子骢”下落不明。唐太

宗登上皇位后，一直在寻找“狮子骢”的下落。后来，宇文士及在一家磨坊里发现了唐太宗念念不忘的“狮子骢”。只可惜，“狮子骢”每天都在干重活，再也没有千里马的风采了。宇文士及火速运送“狮子骢”去京城，唐太宗居然亲自去长乐坡迎接“狮子骢”。幸运的是，“狮子骢”以老迈的身体生下了五匹马驹。这五匹小马驹长大之后，都成为了不可多得的千里马。

对于马，唐太宗堪称伯乐。有一次，唐太宗与窦建德的部将王琬厮杀，发现王琬的坐骑居然是隋炀帝的骢马，情不自禁地赞叹道：“王琬的坐骑是良马呀！”大将尉迟敬德听到唐太宗的话，当即冲入敌人的阵营中，在夺取骢马的时候，还活捉了它的主人王琬。唐太宗对这匹马非常喜爱，为其取名黄骢骠。从此之后，就把它当成自己的坐骑。贞观晚年，唐太宗骑着黄骢骠出征，途中黄骢骠死亡，唐太宗伤心不已。也许是因为太过爱马了，唐太宗曾经因为失去了一批心爱的骏马怒气冲天，当即就要杀死养马的宫人。幸好长孙皇后非常贤德，制止了唐太宗没有理性的行为，宫人才得以活命。

围猎诗书两不误

唐朝初期，很多王公贵族都喜欢围猎，王宫里的人也对狩猎情有独钟。有一次，李世民想去狩猎，因为觉得自己的骏马没有李建成的骏马矫健，所以他就张口向李建成借用骏马。他万万没想到的是，李建成当面一套，背后一套。他虽然当面把骏马借给了李世民，却在李世民外出狩猎后，利用此事在唐高祖面前说李世民的坏话，试图贬低李世民。幸运的是，李世民非常聪明，如实地把这件事情告诉了唐高祖，化解危机。但是从此之后，他对李建成就多了几分戒备。虽然从这件事情上可以看出李建成和李世民为了争夺王位，兄弟之间心怀芥蒂，却也可以从侧面证明，在唐朝宗室中，很多人都热衷于狩猎。

相传，唐太宗狩猎时总是带着很多随从，因而队伍声势浩大。这些随从们穿着的衣服都画满了各种野兽的图案，使他们看起来充满野性。他们紧紧地握着弓箭，寸步不离地跟随在唐太宗的身边。那么，他们的职责是保护唐太宗吗？当然，他们的首要任务是保护唐太宗的安全，但他们还要为唐太宗冲锋马前，全力以赴帮助唐太宗完成狩猎。因为狩猎运动既可以获得成就感，还能暂时放下朝廷

大事，获得片刻放松和清闲，所以唐太宗特别热衷于狩猎运动，经常外出狩猎。

看到唐太宗经常出宫狩猎，朝廷里的文武百官和长孙皇后都很担心唐太宗的安全。他们深知，一旦唐太宗发生意外，危及生命，大唐王朝就会岌岌可危。为此，很多大臣都劝说唐太宗要以江山社稷为重，不要进行危险的狩猎活动。长孙皇后一旦抓住机会，也会苦口婆心地劝说唐太宗。除了担心唐太宗的安全之外，他们还有更多的顾虑。这是因为狩猎运动每次都要耗费大量的人力物力，而且声势浩大，会导致老百姓正常的生活和生产活动受到影响，使世人误以为唐太宗玩物丧志。综合这两个方面的原因，长孙皇后和大臣们都极力劝说唐太宗放弃这个爱好。对此，唐太宗进行了安排。例如，他选择在每年天寒地冻的时节里狩猎，通常，老百姓在冬季到来时已经结束了一年辛苦的劳作，不需要在田地里辛苦耕耘了，这样也就避免了扰民。此外，唐太宗每次围猎时都公私兼顾，亲自带领士兵练习排兵布阵，自然也就让那些说他玩物丧志的人无话可说了。

虽然天下太平，但是唐太宗始终很怀念驰骋沙场的日子。每当在猎场里挽弓搭箭，对野兽穷追不舍时，他就找回了曾经的冲天豪气。除此之外，唐太宗的确居安思危，一直

在坚持战备。俗话说，养兵千日，用兵一时。唐太宗深知战争随时都有可能发生，只有在平日里严格坚持练兵，才能在用兵的时候没有后顾之忧。

唐太宗作为一名明君，自制力极强。他虽然喜欢围猎，却并非只顾个人享乐。他始终把国家大事摆放在第一位，将个人的喜好让位于国家利益。贞观十四年（640年）秋，唐太宗原本计划去同州进行狩猎。当得知当地的庄稼还没有成熟收割，老百姓也没有时间修桥筑路时，唐太宗坚持农事为先的原则，决定推迟一个月再去狩猎，从而解决了狩猎时间与百姓农忙时间冲突的难题。

唐太宗从小就尚武，擅长弓马骑射，这使得他在诗文字画方面的学习略显滞后。大唐王朝建立之初，他四处征战，没有时间舞文弄墨。后来，唐朝的局面稳定下来，他才终于有时间开始学习诗文字画。

唐太宗为人率性，性格爽直，这一点也很明显地表现在他的诗文创作风格方面。唐太宗倡导质朴无华的文风，以实用为主，而坚决反对绮靡浮艳的文风，认为齐梁以来的文风不值得提倡。他之所以有如此见解，除了性格原因之外，也是因为他多年征战，深入民间生活，深知百姓的生活非常艰难，经常食不果腹，衣不蔽体。唐太宗知道民生疾苦，带头

崇尚节俭，拒绝奢华浪费。诗文创作是精神和思想的体现，唐太宗有这样艰苦朴素的作风和思想，所以才会坚持质朴的诗文创作风格。

因为特殊的天子身份，唐太宗的诗文具有很强的政治性，内容涉及社会生活和国家治理的方方面面，表现了他独到睿智的政治思想。唐太宗之所以能开创“贞观之治”，他的诗文也起到了很强大的导向作用，为他的治国营造了积极向上的氛围。

在幼年阶段，唐太宗很少读书，而以习武为主。进入少年阶段，他就和父亲四处征战，因而没有时间读书作诗。后来，唐朝逐渐稳定下来，他特别重视读书作诗，不管政务多么繁忙，都坚持创作。在日积月累之中，他创作的诗文越来越多，他在文学领域的成果日渐丰硕。唐太宗读书作诗主要是为了修身，以昭君德。文坛在唐太宗的影响下，逐渐形成了独特的文艺观——文以载德。正是因为唐太宗贵为天子还积极创作，所以贞观时期的文坛才会发展得越来越昌盛。时代发展至今，在学习经典文化的时候，我们依然可以发现唐诗如同璀璨的明珠，在历史的长河中熠熠生辉。很多读书人都特别喜欢唐诗，就是因为唐诗有着独特的魅力。

在唐代，不仅诗文化发展到了前所未有的高度，书法艺术也得到了大力发展。唐太宗不仅热衷于诗文创作，也很喜爱书法艺术，坚持练习书法。他曾经拜了很多老师学习书法，大臣虞世南就是唐太宗的第一位书法老师。唐太宗是一位特别有毅力的人，他认为不管做什么事情都贵在坚持，否则即便有天赋，也不会有所成就。正是因为如此，他才能坚持勤学苦练，认真揣摩所学的内容，进步很快。在学习的过程中，他坚持思考，坚持提升自我。他认为必须亲自动脑，坚持思考，也总结前辈的经验，才能保持进步的状态，最终有所成就。

唐太宗对书法艺术极其热爱，贞观二十三年（649年），唐太宗身患重病，生命垂危，却依然挂念着《兰亭集序》。根据唐太宗的嘱托，在唐太宗去世后，太子李治用《兰亭集序》为唐太宗陪葬。从此之后，《兰亭集序》的真迹销声匿迹，世间流传的都是唐人的摹本。

对于唐太宗这样的做法，后人褒贬不一。王羲之之所以能够成为唐代的“书圣”，在书法艺术领域拥有至高无上的地位，与唐太宗对他的推崇密不可分。然而，唐太宗又在去世的时候带走了王羲之的《兰亭集序》，使得后世之人再也没有机会欣赏王羲之的真迹，这又是使人倍感遗憾的。不管我们对唐太宗热爱王羲之的书法提出了怎样的

评价，却可以由此感受到唐太宗对王羲之的书法艺术热爱至极。

贤妻陪身侧，后顾了无忧

唐太宗虽然贵为天子，掌管着国家大事，却也是一个普通的男人，有着儿女情长和家长里短的生活。所以在这一节里，我们要暂时放下唐太宗贵为帝王的身份，而是从男人和女人的角度，看一看唐太宗的感情生活。常言道，每一个成功的男人背后，都有一个伟大的女人。这句话虽然流行于现代，却也可以放在古代。唐太宗作为一个伟大的男人，他的身后始终有长孙皇后在默默地陪伴和支持他，也在不知不觉间对他施以深远的影响。

唐太宗刚刚登上皇位，就立长孙氏为皇后。长孙皇后虽然是女性，却有着独到的眼光和远大的志向。她与唐太宗结婚之初，就鼓励李世民要建功立业，心怀天下。唐朝初期稳定下来之后，作为武将的李世民不再像以前那样四处征战，未免感到迷惘和困惑。在这段时期里，她一直鼓励李世民，陪伴在李世民的身边。长孙皇后家世显赫，不但品德高尚，

而且学识渊博。唐太宗登上皇位后，她作为皇后，每当唐太宗感到迷惘时，她就会和唐太宗探讨天下大事，总能做到不卑不亢，见解独到。可以说，长孙皇后不但把后宫治理得非常好，而且也在很多时候帮助唐太宗治理国家。

在后宫生活中，唐太宗因为日理万机，性情暴躁，一旦宫女犯了错误，他就会处罚宫女。这使得很多宫女侍奉唐太宗时战战兢兢，如履薄冰。每当这时，性格宽厚、善良温柔的长孙皇后就会出面灭火。她并不当着他人的面否定唐太宗，而是先顺从唐太宗的意思，和唐太宗一起发怒。这样一来，唐太宗的怒气就会消除了一大半。这个时候，长孙皇后又会瞅准时机，请求唐太宗不要为后宫的小事情而厌烦，而是把这些事情交给她去处理。唐太宗当然愿意让长孙皇后为他分担忧愁，因而就把犯错的宫女交给长孙皇后惩罚。长孙皇后借此机会把事情暂时压制下来，等到唐太宗怒气全消之后，她再和唐太宗禀明情况，释放这些宫女。这使得整个后宫都很太平，很少发生冤假错案，这都归功于长孙皇后治理后宫有方，也归功于长孙皇后了解唐太宗的脾气秉性，能够有效地安抚唐太宗。

贞观年间，唐太宗全心全意处理朝政，时而还会在外征战。长孙皇后则投身于治理后宫，保证唐太宗绝无后顾

之忧，以这样的方式给予了唐太宗最大的支持和帮助。在历史上，很多皇帝的后宫都处于动荡的状态，众多嫔妃有各自的背景和势力，因而钩心斗角，争夺皇帝的宠爱，想要给自己的家族谋取更多的利益。但是在贞观年间，在长孙皇后的主持下，唐太宗的后宫始终非常平静和安宁。这并非因为嫔妃们没有私心，而是因为长孙皇后有着很高的管理水平，能够把后宫里的各种危机消除于无形。此外，在后宫里，长孙皇后作为最高领导者从来不会高高在上，颐指气使地对待其他嫔妃。相反，她就像是一个和善的大家长，每当其他嫔妃生病，她都会亲自去探望，真正做到了以情动人，以理服人。尤其是在唐太宗面前，长孙皇后并不仗着自己是唐太宗的结发妻子就想要享受唐太宗的独宠，反而经常劝说唐太宗要雨露均沾，平等对待每一位嫔妃。正是因为长孙皇后行得端、做得正，所以唐太宗才能全力以赴管理好国家，开创贞观之治。

长孙皇后的贤淑不仅表现在对待后宫嫔妃上，也表现在对待唐高祖李渊上。按照民间的说法，唐高祖李渊是长孙皇后的公公。当年，李世民在玄武门发动兵变，杀死了李建成和李元吉。唐高祖无奈之下只好立李世民为太子，又审时度势地选择提前退位，让李世民登上皇位。实际上，李渊并不

想成为不能掌握实权的太上皇。李世民登上皇位后，李渊整日愁眉不展。又因为唐太宗刚刚登上皇位，每天忙于处理朝政，管理国家大事，因而很少会去看望唐高祖。看到公公受到冷落，长孙皇后作为儿媳妇丝毫没有疏远李渊。她每天早晨和傍晚都去给唐高祖请安，并且对李渊身边的宫女们千叮咛万嘱咐，让她们一定要照顾好李渊。对上，长孙皇后孝敬长辈，对下，长孙皇后也满怀仁慈。豫章公主从小就失去了亲生母亲，被长孙皇后收养。长孙皇后对待豫章公主如同对待亲生女儿，对其百般呵护和疼爱。

可以说，作为妻子，作为儿媳妇，作为母亲，长孙皇后都做得无可挑剔。当然，长孙皇后不仅贤良淑德，也很懂得为人处世的礼节。此外，在遇到一些问题的时候，长孙皇后有原则有底线，从不人云亦云，更不会轻易受到他人的影响。太子的东宫里器具很少，条件简陋，为此，太子的乳母遂安夫人当面启禀长孙皇后："东宫是太子的府邸，却没有多少像样的器物。烦请皇后奏明天子，为东宫增加一些器物吧。"虽然长孙皇后是太子的生母，按理来说应该比乳母更加心疼太子，但是她却当即拒绝了乳母，说："作为太子，首先应该立德扬名。器物够用即可，少些无关紧要。"

长孙皇后生育了七个孩子，其中三个儿子、四个女儿。

三个儿子分别是长子李承乾、四子李泰和九子李治。四个女儿分别是长乐公主、城阳公主、晋阳公主、新城公主。长乐公主下嫁给长孙冲，唐太宗给长乐公主准备了丰厚的陪嫁。谏臣魏徵对此直言进谏，指责唐太宗给长乐公主的陪嫁不应该这么多。为此，唐太宗非常生气，当即把这件事情告诉了长孙皇后。原本，唐太宗以为长孙皇后也会勃然大怒，却没想到长孙皇后不仅没生气，反而恭喜唐太宗有这样忠心耿耿、直言不讳的臣子。长孙皇后对唐太宗说："一直以来，陛下都特别推崇魏徵，我感到很好奇，不知道魏徵有何魅力。时至今日，我才真正明白了其中的原因。大唐何其幸运，有魏徵这样的社稷之臣，他常常能够说服陛下做出正确而又明智的决断。"看到长孙皇后如此深明大义，唐太宗决定把长乐公主的嫁妆大大减少。与此同时，他还大力赏赐了魏徵，感谢他指出这个错误。长孙皇后也很赏识魏徵，还曾经专门派人叮嘱魏徵："今日，我才知道魏公的正直无私，望你能常守此志。"

正是因为有了长孙皇后，唐太宗才能后宫安宁，也才能在很多因为生气或愤怒而冲动的时刻里，选择做出正确的决断。长孙皇后对唐太宗的感情很深，有一次，唐太宗生病卧床一年多，始终没有痊愈。长孙皇后废寝忘食地侍奉唐太宗，身上每时每刻都携带着毒药。她不止一次地告诉身边的人：“万一陛下遭遇不测，我绝不苟活。”长孙皇后把唐太宗看得高于一切，却忽视了自己的身体状态。其实，长孙皇后的身体状况很糟糕，经常会生病。贞观八年（634年），唐太宗带着长孙皇后去九成宫过中秋节。中秋节那天，唐太宗得知朝廷里发生了一些事情，马上穿着盔甲出宫询问详细的情况。这个时候，身体有恙的长孙皇后不顾自身安危，紧紧地跟随在唐太宗身边。后来，长孙皇后的病情越来越严重。为了让长孙皇后能够痊愈，太子提出让唐太宗大赦天下，长孙皇后却当即表示否定：“生死有命，富贵在天，人力并不能左右命运。大赦天下是国家大事，怎能随意而为呢？如果因为我而惊扰了天下，我宁愿早点儿死去。”后来，虽然唐太宗也愿意通过大赦天下的方式为长孙皇后祈福，却依然被长孙皇后坚决拒绝了。

长孙皇后的病情一日重过一日。正在此时，唐太宗因为一些原因把房玄龄革职了。房玄龄是跟随唐太宗打天下的重臣和忠臣，得知此事后，长孙皇后赶紧劝说唐太宗：“房玄龄多年来跟随陛下打天下，治理江山，为人忠诚，处事小心。如果房玄龄没有大错，请陛下不要轻易对他革职处理。另外，我的有些本宗无德无才却身居高位，请陛下以外

戚的标准给他们发放俸禄，而不要让他们掌握实权，否则他们的子子孙孙都会因此而仓皇。”在长孙皇后提出了这样的建议后，唐太宗虽然恢复了房玄龄的职务，却没有撤掉长孙皇后本宗的职务。后来，长孙皇后又要求唐太宗撤掉她的哥哥——长孙无忌的宰相职务，并且要求长孙无忌辞掉宰相职务。对于长孙皇后的良苦用心，唐太宗心知肚明。有史以来，外戚专权会影响国家的发展，所以他只好暂时撤掉了长孙无忌的宰相职务。

一直以来，长孙皇后的病情都丝毫没有好转。她自知命不久矣，因而郑重其事地向唐太宗交代身后事：“我一生从善，死后更不能害人。等我死后，请求陛下让我因山为坟，这样就无须浪费国家的钱财修筑高坟了。我只需要瓦木陪葬，而切勿以金银玉器给我陪葬。希望陛下一如往常地亲君子，远小人；避谗言，纳忠谏；止游猎，省劳役。”说完，她看着唐太宗，诀别道：“我此生无憾，陛下不要悲伤，也不要惊动儿女。”贞观十年（636年），年仅三十六岁的长孙皇后去世，被唐太宗葬于昭陵，谥号“文德皇后”。

在封建社会中，女性的社会地位是极其低下的。唐太宗身为一国之君，与结发妻子长孙皇后举案齐眉，互相尊重。可以说，唐太宗开创的“贞观之治”，也有长孙皇后的很大功劳。正是因为如此，唐太宗才会为长孙皇后的死痛不欲生。从此之后，唐太宗的精神港湾逝去了，每当感到迷惘和困惑的时候，他又去哪里寻求宁静呢？！

在长孙皇后去世后，唐太宗的身边又出现了一个重要的女人，她就是贤妃徐惠。徐惠生于贞观元年（627年），小小年纪就表现出才华横溢的一面。她创作的诗篇《拟小山篇》：“仰幽岩而流盼，抚桂枝以凝想。将千龄兮此遇，荃何为兮独往”广为流传，也正是因为如此，唐太宗才知道了徐惠。

唐太宗对徐惠和徐惠的家人都很好，尤其喜欢徐惠的才思敏捷。徐惠进宫后，深受唐太宗的宠爱。偶尔，唐太宗也会被她惹恼，但是她却能以幽默的方式消除唐太宗的怒气，使唐太宗忍俊不禁。有一次，唐太宗派人召见徐惠。原本，唐太宗兴致高昂，却因为徐惠姗姗来迟而怒火中烧。看到唐太宗满脸怒气，蕙质兰心的徐惠知道自己来迟了。虽然如此，她却没有马上向唐太宗道歉，而是嫣然一笑，写了一首诗送给唐太宗看：“朝来临镜台，妆罢暂裴回。千金始一笑，一召讵能来。”这首诗清新脱俗，让唐太宗消除了怒气，又宠爱起徐惠来。

徐惠不仅才华横溢，善作诗篇，还秉正直，忠诚直

谏。从某种意义上来说，徐惠很像长孙皇后。贞观二十二年（648年），徐惠向唐太宗上表进谏，提到因为连年征战，百姓生活困顿，疲惫不堪，从而劝说唐太宗减少战争，让老百姓安居乐业，感受皇恩。看到徐惠如此勇敢正直，且有见识，唐太宗庆幸不已。后来，唐太宗要御驾亲征高句丽，徐惠也和诸位大臣一起极力劝说唐太宗。唐太宗与徐惠相亲相爱，志同道合，情意深深。后来，唐太宗去世，徐惠忧思成疾，却拒绝接受治疗，于第二年也追随唐太宗而去了。

说到唐太宗的女人们，我们不得不说起中国历史上唯一的女皇帝——武则天。武则天不但影响了唐太宗，还影响了整个大唐王朝，甚至影响了中国封建社会的进程。那么，武则天究竟是一个怎样的传奇女子呢？

武德七年（624年），武则天生于长安，她的父亲是大唐王朝的开国功臣武士彟。武则天还有个姐姐，她是家里的第二个女儿。长孙皇后去世后，唐太宗一直心绪不高，对于后宫的诸多嫔妃，始终提不起兴致来。后来，听说武士彟家里有个女儿不但长得倾国倾城，而且天赋异禀，聪慧异常，因而当即下诏，将这个美丽的女孩召入宫里。当时的武则天正值豆蔻年华，才十四岁。得知唐太宗下旨诏武则天入宫，母亲杨氏伤心欲绝，痛哭不已。武则天虽然年纪很小，却很开心自己能得到机会入宫。她问母亲："母亲大人，您为何痛哭呢？能够陪伴在天子的身边，这是我的福分啊！"

唐太宗一看到武则天就特别喜欢，因而非常宠爱武则天，并且赐名武媚给武则天，很快就封武则天为才人。王宫里，流传着很多关于武则天的传说。据说，武则天性格果敢，敢作敢当。当时，皇宫里有一匹烈马，无人能驯服，武媚却自告奋勇要制服这匹烈马。唐太宗经过询问得知，武媚驯服烈马的方式就是武力，或者用铁钩钩住，或者用皮鞭抽打，或者用匕首把马杀死。如果其他嫔妃如此残暴，唐太宗一定会怪罪，但是对于武则天的个性，唐太宗却很欣赏。

唐太宗哪里知道，武则天虽然是一个弱女子，却有着万丈雄心。然而，当唐太宗得知有一个武姓女子将会主宰大唐天下之后，唐太宗就疏远了武则天。随着年岁渐长，唐太宗的身体状况越来越糟糕，后来就只能躺在床上，而不能下床了。武则天知道自己再也没有机会得到唐太宗的宠幸，不由得为自己的前途和命运担忧。她决定要在唐太宗去世之前为自己找到新的靠山，她经过一番物色，对太子李治寄予了希望。要知道，一旦唐太宗去世，不出意外的话，李治就会登上皇位，成为大唐王朝新的主宰。当时，二十二岁的李治和

父亲唐太宗一样身材高大魁梧，但是却缺乏帝王气概。武则天暗中打听，得知李治多愁善感，喜欢美丽的女人，不由得产生了一个大胆的想法。

自从有了这个想法之后，武则天彻底抛弃了病入膏肓的唐太宗，而是绞尽脑汁地寻找机会和李治亲近。就这样，唐太宗因为担心“武代李兴”而疏远的武则天，居然把太子李治迷得神魂颠倒。唐太宗万万也想不到，他去世之后几十年，“武代李兴”的预言竟然成真了，武则天煞费苦心地从李治的手中控制住了大唐江山。

第八章

立储之争，后势渐微

太子荒淫，魏王渐起

直到自己选择由谁成为大唐接班人时，唐太宗才意识到当年他的父亲——唐高祖李渊在立太子的时候多么煞费苦心和左右为难。

唐太宗才刚刚登上皇位，就立了年仅八岁的嫡长子李承乾为皇太子。武德二年（619年），李承乾生于承乾殿，因此得名。很小的时候，李承乾就表现出与众不同的聪明劲儿，又因为他是唐太宗的第一个儿子，所以唐太宗特别喜爱他。唐太宗亲自教导李承乾，还选定了李纲为太子太师，负责教授李承乾。由此可见，在当时，唐太宗的确是把李承乾作为大唐王朝的接班人悉心培养的。随着李承乾年岁渐长，唐太宗考虑到李承乾只学会知识、懂得礼仪是远远不够的，还要具备很强的能力，因而经常在听政的时候诏令李承乾旁听。在唐太宗的悉心教导下，李承乾识大体、顾大局，深得唐太宗的赏识。此后，唐太宗每次离开京都的时候，都会让太子李承乾留在宫里处理朝政。

然而，李承乾自幼过着锦衣玉食的生活，从来不知道

百姓疾苦，又因为不像李世民那样四处征战，所以也缺乏勇气和魄力。他尽管能凭着所学处理好朝廷中的琐事，却没有远见，更不明白何为国家之根本。他才八岁就被立为太子，深得唐太宗的喜爱，又有很多大臣都阿谀奉承他，吹捧他，所以他渐渐地自我膨胀，认定自己就是未来的帝王，注定要接管大唐江山。随着时间的流逝，他不像小时候那样讨唐太宗的欢心，反而因为行为不轨而惹得唐太宗担心。此外，他还经常以花言巧语欺骗唐太宗。为此，唐太宗开始反感满身恶习的李承乾。然而，李承乾尽管有过错，却并非朽木不可雕，唐太宗为了引导李承乾回归正途，又任命中书侍郎杜正伦为太子右庶子，专职负责太子的教育。

杜正伦深知唐太宗对李承乾寄予厚望，因而始终诚恳规谏李承乾，还采取正面诱导的方针策略，力图帮助李承乾改掉自身的诸多缺点和不足。但是，李承乾误入歧途已久，又岂是杜正伦朝夕之间能够改变的呢？看到李承乾在歧途上越走越远，唐太宗对李承乾能否继承皇位产生了怀疑，从贞观十年（636年）之后就有了废太子的意思。要知道，对于当朝皇帝唐太宗而言，决定立谁当太子并非简单的事情，而是关系到大唐王朝命运的政治难题。唐太宗刚流露出废太子的意思，其他皇子们就蠢蠢欲动，很多大臣也产生了更多的想

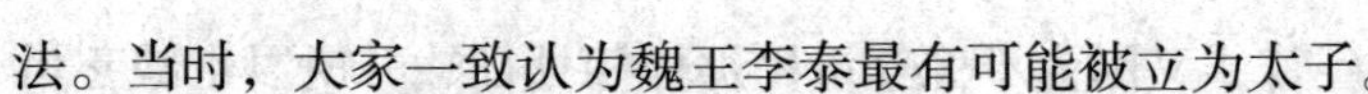

法。当时，大家一致认为魏王李泰最有可能被立为太子。

魏王李泰也是长孙皇后的儿子，排行第二。武德三年（620年），李泰出生。贞观十年（636年），唐太宗封李泰为魏王。从小，李泰就表现出聪敏的特质，在经过一段时间的学习后，更是能作诗成文。长大成人后，李泰还很喜欢读史。前文说过，唐太宗很重视历史，也倡导读史，所以他很赏识李泰。看到太子李承乾误入歧途，不务正业，唐太宗渐渐地疏远了李承乾，而更加宠爱李泰，也经常偏袒李泰。他经常以李泰有功为由，重重赏赐李泰。每个月，他赏赐给太子府的东西，还不如赏赐给魏王府的东西多呢。李泰虽然贵为皇子，对待大臣们却谦恭有礼，因而很多大臣也都特别拥护李泰。

在处理朝政时，唐太宗也很器重和信任李泰。看到李泰喜欢结交贤士，而且热爱学习，唐太宗特地下令，让李泰在魏王府中设置文学馆。要知道，当年唐太宗还没有即位时，也曾经在秦王府中设置文学馆，招纳贤士一起学习。因而朝廷里的大臣们看到唐太宗做出这样的举动，当即心领神会，知道唐太宗有意立李泰为太子。李泰更是在重臣的建议下请求唐太宗允许他撰著《括地志》一书，这无疑是投唐太宗所好，所以唐太宗当即表示大力支持。借助于撰著《括地志》

的机会，李泰广罗人才，开始光明正大地争夺太子之位。

贞观十年（636年）起，唐太宗就对太子李承乾越来越不满。直至贞观十六年（642年），唐太宗都对魏王李泰偏爱有加。但是，他迟迟没有下定决心，和当年唐高祖李渊一样无法下定决心打破嫡子继承制。唐太宗面临着和唐高祖李渊一样的难题：到底是立长，还是立贤。此时此刻，他越发理解唐高祖当初的复杂心情。他担心废立太子会引起动乱，又不忍心让才华横溢的李泰受到压制。作为玄武门事变的策划者，唐太宗更加害怕手足相残的流血事件会重演，而他开创的大唐盛世会因为宗族分裂而烟消云散。

贞观十年（636年）正月，唐太宗调整诸王分封，下令只有五位年幼的王爵可以暂时留在京城里成长，其他王爵必须当即赶赴外地的封地就任。原本，魏王李泰也应该赶赴相州就任都督，但是他得到唐太宗的批准，让张亮代替他赶赴相州行使职权，而他则可以继续留在都城，陪伴在唐太宗的身边。这样的举动给所有人释放了一个明确的信号，即唐太宗随时都会改立太子。贞观十一年（637年），唐太宗任命礼部尚书王珪作为李泰的老师，悉心教育李泰。从此之后，李泰得到了和太子同样的待遇。

贞观十二年（638年），唐太宗公开表示改立太子的意愿，并且表达了对李泰的喜爱，以试探诸位大臣对此持有的态度。原本，他以为大臣们会对此表示支持，却没想到李泰恃宠而骄，并不像以前那样得到大臣们的拥护和爱戴，所以大臣们得知唐太宗想立李泰为太子后，全都强烈反对。谏臣魏徵劝谏唐太宗："自周朝之后，国家立储就遵从立嫡以长的惯例。很多朝代之所以当乱，就是因为立庶子、幼子为储。恳请陛下三思，一定不要怀有废立太子的想法啊！"褚遂良也劝谏唐太宗："君王宠爱庶子，却不能超过对嫡子的宠爱，这才能维持国本。否则，就会使国家大乱。"虽然唐太宗很不想听到诸位大臣这么说，但是他不能违背众意，强行废太子。贞观十三年（639年），唐太宗诏令宰相房玄龄担任太子少师的重要职务，负责教育太子，以表现出他对太子的教育非常重视，对太子本人也很器重。

太子谋反，晋王得立

鉴于诸位大臣的意见，也考虑到大唐王朝的稳定，唐太宗始终克制自己不要废立太子。然而，贞观十五年（641年）初，唐太宗为胜利平定高昌宴请群臣。在庆功宴上，唐

太宗兴致很高，与诸位大臣讨论高昌为何会灭亡。看到唐太宗兴致勃勃，魏徵趁机进谏，向唐太宗讲述了汉高祖刘邦未能废嫡立庶，使汉朝传承几百年的历史，借此劝谏唐太宗必须听取大臣们的意见，慎重地思考废立太子的事情。唐太宗闻言心生不悦，却没有当众斥责魏徵。此后不久，唐太宗外出巡幸，让尚书右仆射高士廉辅佐太子李承乾监国。

贞观十六年（642年），有一天，唐太宗与诸位大臣讨论国事，问大臣们当前国家里最紧急的大事是什么。谏议大夫褚遂良趁机劝谏唐太宗："当今天下，太子之位稳固是最紧急的大事。"唐太宗对于褚遂良的意思心知肚明，当即感叹道："诸位爱卿所言极是。现在，朕既然已经立下太子，诸位爱卿就不要再猜疑，而是要为朕遍访贤德之人，辅佐太子早日成器。"从此之后，唐太宗知道诸位大臣都不支持他改立魏王为太子，只得限制诸王的权力，巩固东宫的地位。

一直以来，唐太宗都很信任正直、无私的魏徵。因此，他当众任命魏徵担任太子太师，以匡正太子李承乾的君德。他大公无私地昭告大臣们："满朝文武，魏徵最为忠直。现在，朕派魏徵辅佐太子，你们可以不再猜疑朕准备废立太子了。"

当时，魏徵大病初愈，当即上表请辞太子太师。唐太

宗下诏给魏徵："爱卿知道废嫡立庶会危害国家，就应该担任太子太师，助朕维护太子的地位。"魏徵深明大义，知道匡正太子之责关系到大唐王朝的江山社稷，也知道唐太宗委任他担任太子太师是对他给予重任，因而接受了这个艰巨的任务。

自从贞观十年（636年）之后，唐太宗表现出废立太子的想法之后，朝廷中的文武百官已经形成了派系，政局略显混乱。有些大臣是支持唐太宗立魏王李泰为太子的，此刻看到唐太宗的态度又发生了转变，全都鼓动李泰发起攻势，主动出击。李泰当然也对太子之位垂涎已久，因而就开始散布流言，说自己将会取代李承乾成为太子。与此同时，他还发展魏王府的势力，想要瞅准机会夺取政权。

贞观十七年（643年），郑国公兼太子太师魏徵因病去世。唐太宗回忆起魏徵大公无私、忠心耿耿的一生，哀叹自己失去了一面镜子。与此同时，太子李承乾也失去了一位忠诚的教导者，更失去了保护他的屏障。李承乾整日担心自己的太子地位即将不保，居然天真地认为只要除掉李泰，他就没有了后顾之忧。在这种想法的驱使下，他派人去刺杀李泰，却以失败而告终。后来，他又召集了很多心腹，想要起兵夺权。

贞观十七年（643年），唐太宗的第五子、齐王李祐起兵造反，很快就被平定了。这次叛乱使得唐太宗得知太子李承乾也正在密谋政变。唐太宗大为震惊，当即命几位大臣配合相关机构一起调查这件事情。最终，调查小组认定李承乾的确在谋反。唐太宗先是下诏废黜李承乾太子之位，将李承乾贬为平民，囚禁于右领军，后又下令把李承乾流放到偏僻之地。自此，朝廷中的各方势力都对太子之位虎视眈眈，却都不敢轻举妄动。

魏王李泰曾经最有希望被立为太子，因而此时按捺不住，蠢蠢跃动。他心急如焚，居然对唐太宗发誓："如果父皇能立儿臣为太子，将大位传于我，那么儿臣保证会在临死之前杀死自己的儿子，把皇位传于晋王。"得知李泰的这番言论，谏议大夫褚遂良直言进谏，让唐太宗不要被这种奇怪的论调所欺骗。唐太宗自此不再有立李泰为太子的心思。后来，唐太宗想要立隋炀帝之女杨氏的儿子李恪。但是，李恪是庶出，继承的资格排在嫡子后面。因此，长孙无忌当即推荐立晋王为太子，并且劝谏唐太宗要早下决定。

早在唐太宗还在秦王府时，长孙无忌就忠心耿耿地追随唐太宗。此外，长孙无忌还是长孙皇后的哥哥。不管哪位皇子谋反，长孙无忌的子孙都不曾参与其中。为此，到了晚

年，唐太宗非常信任长孙无忌。此外，长孙无忌和房玄龄、褚遂良等大臣的关系都很好，他甚至能够代表整个关陇贵族集团。而李恪呢？他早年就离开京城，与朝廷里的大臣们没什么往来。因而大臣之中很少有人支持他。综合这些情况，唐太宗开始关注晋王李治。

魏王李泰万万没想到晋王李治居然会成为他争夺太子之位的拦路石，他知道李治性格软弱怯懦，因而私下里威胁晋王李治。李治为此忧心忡忡，唐太宗得知事情的真相后，非常厌恶魏王李泰，这才意识到李泰颇有心计，且对自己的亲弟弟也形成了威胁。为此，唐太宗更加纠结，不知道应该如何决断。唐太宗万万没想到，最终帮助他下定决心立太子的，居然是被废立的太子李承乾。

唐太宗得知李承乾即将被流放，因而与李承乾进行了最后的谈话。通过这番交谈，唐太宗才知道李承乾已经贵为太子，却还要谋反，就是因为几次三番被魏王李泰谋害。正是因为如此，李承乾极力劝说唐太宗不要立魏王李泰为太子，否则魏王李泰的阴谋就得逞了。唐太宗知道李承乾既然已经被废，说的一定是真心话，又想到李泰说的可怕的誓言，他不由得对李泰心生反感。他非常伤心地说："承乾说得很对，朕不能立李泰为太子，否则就会有更多的人通过阴谋手

段获得储君之位。而且，一旦李泰被立为太子，我其他的儿子们就会有性命之忧。”从此之后，唐太宗彻底不再考虑立魏王李泰为太子了。

既然李泰品行恶劣，李恪在朝廷中又没有任何支持者，那么就只有晋王李治是太子的不二人选了。看起来，唐太宗已经没有其他的选择了。贞观十七年（643年）四月，唐太宗对大臣们宣布欲立晋王李治为太子，大臣们纷纷表示支持。很快，唐太宗诏立晋王李治为太子。其实，在唐太宗心中，李治并非太子的理想人选。他深知李治怯懦，担心李治守不住大唐江山。为此，唐太宗亲自选了一大批重臣，以长孙无忌、房玄龄、萧瑀为首，全力教育太子，好让太子快快成长起来。除了委派重臣教育太子之外，唐太宗经常让李治住在他的寝宫旁边，与他朝夕相处，这样他就可以对李治言传身教了。

唐太宗向来器重和信任长孙无忌。现在，在他的大力支持下，晋王李治被立为太子，也对他非常感激，因而他在朝廷里的势力越来越强大。渐渐地，朝廷中形成了以长孙无忌为核心的强大势力。然而，长孙无忌度量狭窄，不能容忍那些与他意见相左的人，所以他就成为了专权者。唐太宗敏锐地意识到长孙无忌的专权很可能会动摇大唐的根基，必须以其他的政治势力去制约长孙无忌的势力。然而，他没有找到合适的势力介入。这时，唐太宗已经迈入老年，他意识到自己很难改变局面，因而必须尽快让李治成长起来。

贞观二十二年（648年），唐太宗亲自撰写了《帝范》这本书。在这本书里，他总结了自己治理国家的经验，从诸多方面进行阐述，也教导李治怎样才能成为合格的帝王。去世时，唐太宗还在遗诏中诏令长孙无忌、褚遂良等人辅佐李治治理国家。正是因为有了长孙无忌、褚遂良等大臣的辅佐，在李治登上王位之后，大唐才能够保持稳步发展。在永徽初年，大唐呈现出“永徽之治”的繁荣局面，足以与“贞观之治”相媲美。

志得意满，渐不克终

唐太宗也是人，而不是无所不能的神。他虽然从谏如流，善于治理国家，但是在取得成就后，却滋生出骄傲的情绪。一想到自己驰骋沙场，四处征战，才能和父亲李渊一起创立大唐王朝，一想到自己自从登上皇位之后就励精图治，使得百姓过上了安居乐业的生活，他难免会感到骄傲和自豪，也会因为自己所取得的丰功伟绩感到陶醉。

贞观九年（635年）间，有一天，唐太宗面对满朝文武百官，说："我继承帝业以来始终坚持无为而治，这不仅是我一个人的功劳，也是诸位大臣的功劳！现在，我要考虑如何才能做到善始善终。"房玄龄借此机会劝谏唐太宗："只要陛下做到有始有终，天下的苍生百姓就能有始有终。"房玄龄以这样隐晦的方式提醒唐太宗，不要因为有了一点成就就沾沾自喜。然而，唐太宗已经不像以前那样居安思危、从谏如流了，他陶醉在自己已有的成就中，颇为得意。对于唐太宗这样的改变，大臣们都感到很担忧。

对于唐太宗忘却初心的表现，魏徵的态度则表达得更为直白。魏徵上了《十渐不克终疏》给唐太宗，在这一奏书中严肃地表明了自己的观点，还列举了唐太宗"渐不克终"的十大表现。这篇奏书采取了对比的写法，把唐太宗在贞观以来在政治方面的可圈可点之处和不足之处都列举出来，进行了尖锐的批评。在这篇奏书中，魏徵用了很多笔墨描写唐太宗"渐不克终"的各种表现，也批评了唐太宗的骄傲自满。在读了这篇奏书后，唐太宗非但没有怪罪于魏徵，反而给了魏徵很多赏赐。纵观唐太宗的一生，他依然是历史上难得一见的明君。虽然他在贞观后期有些得

意，但是他始终坚持纳谏。虽然他在行动方面的表现并像贞观之初那样积极地改变和完善自身，但是他积极纳谏的精神是值得每一位君王学习的。

唐太宗的渐不克终，不仅表现在纳谏上，也表现在大兴土木和想要封禅方面。贞观初年，唐太宗非常重视农时，强调做任何事情都“不夺农时”。为此，贞观初年很少大兴土木。然而，随着老百姓的日子过得越来越好，唐太宗就忘记了自己的初衷。例如，他修建洛阳宫，恰恰是在农忙之际。幸好有大臣们为他指出错误，他才能意识到自己的错误，并且向房玄龄承认错误，当即停止了大型工程。然而，后来他还是浪费了大量的人力物力和财力，修建了很多大型宫殿，使百姓们苦不堪言。例如，贞观六年（632年）正月，唐太宗采纳监察御史马周的建议，扩建大安宫。贞观八年（634年），唐太宗在禁苑东南营建大明宫。贞观二十一年（647年），唐太宗下令在宜春凤凰谷重新修建玉华宫，在骊山修建翠微宫。

唐太宗不仅大兴土木，还意欲封禅，以效仿秦始皇、汉武帝，彰显自己的功劳。对于唐太宗的文治武功，很多大臣们也上表，请求唐太宗封禅。在大臣们的接连上表之下，唐太宗未免有些心动。对此，谏臣魏徵却坚决反对，还遭到了唐太宗的质疑。唐太宗不顾魏徵的反对，坚持要去泰山封禅，正在此时，河南、河北等地发生了严重的水灾，唐太宗才不得不暂时搁置了封禅之事。

此后几年间，很多大臣接连上表请求唐太宗去泰山封禅，但是，唐太宗都拒绝了。贞观十四年（640年）十一月，又有上百名官员联名上表，请求唐太宗去泰山封禅，唐太宗却没有成行。贞观二十年（646年）十二月，大臣们又多次联名请求唐太宗封禅，唐太宗下诏制作封禅仪仗，送到洛阳宫。然而，很快，因为薛延陀部发生了事故，而兴建土木工程又导致国库亏空，所以唐太宗于贞观二十一年（647年）下令暂停封禅事宜。

不难看出，唐太宗对于封禅一直迟疑不决。他既想封禅，又因为诸多原因而没有成行。这是唐太宗“渐不克终”的重要表现之一。如果唐太宗执意去泰山举行封禅大典，那么就会给国家的经济和百姓的生活都带来沉重的负担。

除了纳谏、封禅之外，唐太宗“渐不克终”的第三个重要表现就是东征高句丽。贞观初年，大唐国力强盛，威服四海，高句丽一直在向大唐进贡。但是，大唐王朝知道高句丽在隋朝时期曾经背信弃义，所以都认为唐朝边境要想稳定，就必须彻底征服高句丽。贞观十六年（642年），高句丽内

部混乱不安，唐太宗和诸位大臣都想借此机会平定高句丽。然而，唐太宗也有顾虑，一则战争会让百姓生活动荡困苦，二则趁乱攻打则有乘人之危的嫌疑。尽管满朝文武大臣各执己见，但是唐太宗还是下定决心御驾亲征高句丽。

高句丽的渊盖苏文知道唐太宗要御驾亲征的消息后，认为自己绝无可能战胜大唐，因而于贞观十八年（644年）向大唐进献了大量白金。对于东征高句丽，唐太宗也是非常慎重的，他特意征询郑元璹的意见。原来，郑元璹曾经攻打过高句丽，因而他认为高句丽易守难攻，而且长期征战补给也是个很大的难题。即便征求了郑元璹的意见，唐太宗也没有改变主意，依然自信满满。此后，唐太宗又召见了张俭和洺州刺史程名振。之后，他计划兵分水陆两路，向高句丽进军。

这次，唐太宗御驾亲征高句丽，全体将士们都斗志昂扬。在正式出兵之前，唐太宗还亲自对部分将士进行战前动员，坚信自己这次率领大军出征一定能够凯旋。此次东征高句丽，唐军并没有如愿以偿地速战速决，而是进行了旷日持久的拉锯战，耗费了大量物资，却没有真正达到战争的目的。眼看着时间已经过去了很久，却没有胜利的希望，唐太宗不得不下令撤军。回到朝廷里，大臣们建议持续派出小股兵力对高句丽进行骚扰，使高句丽的军队疲于应付，也使高句丽的农民无法耕种，从而让高句丽在几年之后土崩瓦解。唐太宗认为此计可行，从此对高句丽采取不断发动骚扰性攻击的策略。唐朝采取这样的策略，到668年，终于平定了高句丽。

唐太宗在东征高句丽之前遭到了诸位大臣的反对，却依然固执己见要御驾亲征高句丽，结果使得大唐王朝在人力、物力和财力方面都消耗巨大。他在位期间做了很多明智的决策，而东征高句丽则是他的严重失误之一。

求仙寻药，憾然离世

在唐太宗的一生之中，他最后一次出征就是御驾亲征高句丽。让他深感遗憾的是，他并没有通过战争使高句丽臣服。随着时间的流逝，唐太宗的身体不再强壮，而是呈现出疲惫衰弱的状态。贞观后期，他因为太子李承乾谋逆、东征高句丽失败等事情感到身心俱疲，甚至不想继续活下去。幸好有很多忠心耿耿的大臣陪伴在他的身边，他才能渐渐释怀。然而，魏王李泰很快又出现了问题。要知道，唐太宗一直很喜欢魏王李泰，在很长的时间里都想废太子李承乾，而立魏王李泰为太子。所以魏王李泰的事情给了唐太宗很重的打击。

自从立晋王李治为太子后，唐太宗发现李治生性怯懦，没有能力掌控庞大的帝国，居然又动了废太子的心思，而想再次改立庶子李恪为太子。对此，长孙无忌、褚遂良等大臣坚决反对。在这样的情况下，唐太宗陷入了矛盾，一方面纵情于女色，麻痹自己，另一方面想要寻找仙药，使自己老迈的身体重获生机。然而，没有任何药物能让唐太宗重回青春。在这样绝望的心境中，唐太宗的身体越来越衰弱，他居然萌生了要寻找长生不老药的想法，想让自己永远不老。

起初，唐太宗曾经公开怀疑过道教的真实性，后来又对道教采取择善而从的态度。对于秦始皇寻找长生不老药，汉武帝把女儿嫁给道士这样的荒唐做法，他是持否定态度的。但是等到自己也步入晚年之后，服用普通的药物对身体已经不见效了，这使得唐太宗对道教的态度发生了改变。渐渐地，他开始相信方士。从一开始为了减轻痛苦而服用药丸，到后来受到炼丹方士的蛊惑，想要服食能使人长生不老的仙丹，唐太宗表现出强烈的求生欲望。

然而，唐太宗病入膏肓，即便服用了很多仙丹妙药，他的病情也没有好转。正相反，因为长期服用仙丹，唐太宗的身体出现了金属中毒的症状，状态越来越糟糕了。此时的唐太宗固执己见，他还派人去国外寻找各种灵丹妙药。

贞观二十二年（648年），王玄策、蒋师仁奉唐太宗的诏令，出使天竺。天竺崇尚佛教，两位大将到达天竺后，不但铲除了天竺的内乱，而且活捉了叛军首领阿罗那顺。阿罗那顺有一个大名鼎鼎的方士，名字叫作那罗迩娑婆。那罗迩娑婆鹤发童颜，看起来很年轻，却自称已经活了两百多年。王玄策得知那罗迩娑婆的玄妙之后，马上带着那罗迩娑婆拜见唐太宗。唐太宗哪里知道那罗迩娑婆就是个江湖骗子，最擅长做的事情就是察言观色呢？那罗迩娑婆刚刚见到唐太宗，听到唐太宗迫不及待地询问他长生不老的事情，就知道自己有机可乘。他自称得到了老子真传，能够炼制出让人长生不老的丹药，使凡人活到两百多岁。唐太宗当即信以为真，不但以最高礼遇对待那罗迩娑婆，还在全国各地搜罗奇药异石献给那罗迩娑婆。就这样，那罗迩娑婆持续不断地炼丹，供给唐太宗服用。那罗迩娑婆很会伪装，用了将近一年的时间炼成了能够使人长生不老的“仙丹”。唐太宗满怀希望地服食“仙丹”，却因此而中毒暴亡。一代明君唐太宗，前半生是叱咤战场的英雄，后半生是励精图治的君主，却死在江湖术士的“仙丹”之下，可悲可叹！

贞观二十三年（649年）五月二十六日，唐太宗在终南山翠微宫含风殿驾崩，享年51岁。他留下遗诏，命令太子李

治在灵柩前即位，并且要求暂不发丧，按照汉代的制度办理丧事。五月二十七日，唐太宗的飞骑营护送李治先行回到长安，然后调集四千名六府甲士，站立在道路和安化门的两旁，恭迎唐太宗的车驾入长安城。当时，唐太宗的车马和侍从护卫和他生前一样。直到五月二十九日，朝廷才公布了唐太宗驾崩的消息。六月初一，唐太宗的灵柩摆放在太极殿。八月十八日，唐太宗安葬于昭陵。唐太宗的墓葬群数量众多，规模庞大，气势恢宏。

就这样，唐太宗传奇的一生终于画上了句号。唐太宗作为一位明君，不但爱护百姓，励精图治，而且开创了贞观之治。他是千古帝王之典范，理应受到后世的敬仰。

参考文献

[1]罗贯中.李世民传[M].上海：华东师范大学出版社，2014.

[2]林文力.李世民全传[M].武汉：华中科技大学出版社，2018.

[3]张秀玉.李世民传[M].长沙：岳麓书社出版社，2020.